CORRIDA em 101 LIÇÕES

CORRIDA *em* 101 LIÇÕES

Joe Henderson

ROCA

Traduzido do Original: Running 101 – Essentials for Success

ISBN: 0-7360-3056-5

ISBN-10: 85-7241-641-2
ISBN-13: 978-85-7241-641-2

Tradução
Claudio Assencio Rocha
Lúcia Speed Ferreira de Mello

CIP-BRASIL. CATALOGAÇÃO-NA-FONTE
SINDICATO NACIONAL DOS EDITORES DE LIVROS, RJ.

H432c

Henderson, Joe, 1943-
Corrida em 101 lições
/ Joe Henderson ; [tradução Claudio Assencio Rocha, Lúcia Speed Ferreira de Mello] . – São Paulo : Roca, 2006
il. ;

Tradução de: Running 101 : essentials for success
ISBN-10: 85-7241-641-2
ISBN-13: 978-85-7241-641-2

1. Corridas – Treinamento.
I . Título.

06-2185. CDD 796.42
CDU 796.422

2006

EDITORA ROCA LTDA.
Rua Dr. Cesário Mota Jr., 73
CEP 01221-020 – São Paulo – SP
Tel.: (11) 3331-4478 – Fax: (11) 3331-8653
E-mail: vendas@editoraroca.com.br - www.editoraroca.com.br

Impresso no Brasil
Printed in Brazil

Para Bert Nelson e Bob Anderson, os editores que me estimularam a escrever sobre corridas.

Sobre o Autor

Joe Henderson combinou sua paixão pela corrida com seu talento natural para escrever e se tornou um dos mais prolíficos escritores sobre corrida do planeta. Embora nunca tenha realizado seus planos de se tornar um técnico de corridas para escolas de ensino médio ou faculdades, por intermédio de seus conselhos em centenas de revistas e livros e das freqüentes palestras para grupos de corredores, ele tem sido, indiretamente, o técnico de milhares de atletas.

Henderson nasceu em Illinois, EUA, em 1943 e cresceu em Iowa, onde começou a correr com 14 anos. Depois de se formar pela Drake University, iniciou seu trabalho com o jornalismo voltado às corridas na *Track & Field News*. Hoje, continua sendo colunista no *Runner's World* e é editor do boletim *Running Commentary*. É autor e co-autor de 24 livros, incluindo os *best-sellers Marathon Training* e outros quatro da editora Human Kinetics – *Best Runs, Better Runs, Coaching Cross Country Successfully* e *Fitness Running*.

Recebeu duas vezes o prêmio Jornalista do Ano do Road Runners Club of America. Ele também é membro do Club's Hall of Fame. Vive em Eugene, Oregon, com sua esposa Barbara Shaw.

Agradecimentos

Aprendi a correr lendo livros. Não havia muita escolha, tendo crescido na área rural do meio-oeste americano, onde peritos em corrida de longa distância nunca se aventuravam a aparecer em pessoa. Minhas melhores lições vieram em pacotes, postados pela californiana *Track & Field News*, a única fonte confiável de livros sobre corrida naquela época.

Eu nunca chegaria a encontrar pessoalmente a maioria dos professores que vinham até minha cidade natal, Iowa, naquele tempo e alguns só vim a conhecer muito tempo depois. Nunca agradeci a eles por tudo que suas palavras significaram para mim. Pela ordem de leitura, do final da década de 1950 até os primeiros anos da década de 1960, eles foram: Franz Stampfl, por *Stampfl on Running*; Percy Cerutty, por *Running with Cerutty*; Arthur Newton, por *Commonsense Athletics*; Fred Wilt, por *How They Train* e Arthur Lydiard, por *Run to the Top*. Se meu livro mais recente puder ter sobre você uma fração do efeito que esses autores exerceram sobre mim, você fará de mim um alegre escritor sobre corridas.

O que você vai ler agora não é apenas trabalho meu, mas o esforço de uma equipe. A equipe editorial da Human Kinetics – Martin Barnard, Melinda Graham, John Wentworth, Nancy Rasmus, Barbara Walsh, Pam Johnson e Sharon Duffy – me guiou por todo o livro, da linha de largada até a linha de chegada. Agradeço a eles por entregar a você *Corrida em 101 Lições* neste pacote.

Prefácio

Era o ano de 1960, na Idade das Trevas, antes que a corrida de longa distância se tornasse um esporte popular. Ted Haydon, técnico da Universidade de Chicago, havia começado uma série de competições abertas em pistas para membros de sua equipe e outros atletas que buscavam competições de verão. Um dos corredores de escolas do ensino médio que apareceu aquele ano foi Joe Henderson, vindo de Iowa.

Ali começou nosso relacionamento, que dura até hoje. Joe iria em frente, vencendo campeonatos estaduais de *cross-country* e de pista e eu também era um corredor bastante bom naquele tempo, chegando em quinto lugar na Maratona de Boston alguns anos depois. Hoje, seríamos considerados atletas de elite, mas naquele tempo éramos dois iniciantes, pois apenas começávamos a aprender a respeito de nosso esporte. Pouco havia sido publicado sobre treinamento para corridas de longa distância e, de qualquer forma, a maior parte do que existia sobre o assunto estava errada.

Joe e eu nos encontramos novamente nos Jogos Olímpicos na Cidade do México. Àquela altura, ele era um dos membros do conselho editorial da *Track & Field News*, uma revista que se preocupava mais em publicar resultados do que em fornecer dicas de treinamento. Nos Jogos Olímpicos, apresentei Joe ao Dr. George Sheehan, cujos artigos Joe publicaria quando se tornasse o editor da *Runner's World*. George seria uma inspiração para muitos corredores que não pertenciam à elite. Todos nós ampliamos nossos conhecimentos e, à medida que o fazíamos, transmitíamos o conhecimento a novos corredores que eram atraídos ao nosso esporte pelos benefícios à saúde, mais que por um desejo de ganhar medalhas olímpicas.

E aqui estamos, em um novo milênio, continuando a pregar para novos corredores, ensinando a eles os princípios básicos da corrida, dizendo-lhes como correr. *Corrida em 101 Lições* é a mais recente contribuição de Joe Henderson para esse esforço. Vire estas páginas e divirta-se aprendendo sobre nosso esporte. Estamos contentes que você tenha se juntado a nós.

HAL HIGDON
Articulista Sênior, *Runner's World*

Créditos das Fotografias

Ensinando e Aprendendo

Em minha outra vida – quero dizer, aquela que vivo quando não estou escrevendo sobre corridas, o que tem sido minha carreira desde a década de 1960 – mantenho um segundo emprego como professor em uma universidade. Isso significa dar aulas para os estudantes de jornalismo na Universidade de Oregon, sendo o técnico da escrita dos alunos.

Eu mesmo comecei a faculdade com planos de algum dia me tornar professor em uma sala de aula e técnico em uma pista. A vida, porém, tinha outros planos e me conduziu ao ramo da família, o jornalismo (meu pai e minha mãe trabalhavam nessa área, assim como trabalham dois de meus irmãos e, agora, uma filha). O ensino formal só começou mais de 20 anos depois que me graduei. Contudo, no fundo sempre fui um professor, tanto como na prática. Eu adoro ensinar por intermédio de artigos, livros e palestras. Nada me dá mais prazer que poder aconselhar outros corredores.

Estou empolgado porque a Human Kinetics me deu uma nova chance para ensinar os fundamentos desse esporte. Outros livros deste tipo caracterizam as palavras *tolos* ou *idiotas* em seus títulos. Nós não subestimamos assim sua inteligência, experiência e a seriedade de seus propósitos. Como sugere nosso título, este é um curso sobre corrida. Vocês são os estudantes e meu lugar é o de professor. Entretanto, os papéis se misturam. Eu continuo aprendendo depois de mais de 40 anos correndo, competindo e escrevendo. Muitas das novas lições, ou lembretes das velhas lições, vêm de corredores com menos experiência, mas com uma visão mais clara.

Este livro não é apenas para iniciantes. O termo não aparece no título porque iria sugerir que somente corredores novatos querem ler, ou que somente eles podem aprender algo aqui. As lições básicas, regras e práticas de nosso esporte se aplicam a todos. Apenas os detalhes de suas aplicações variam de acordo com experiência, capacidade e ambição do corredor. Corredores de todas os lugares me fazem as mesmas três perguntas:

1. Como posso correr distâncias maiores (por exemplo, passar dos 10km para as meias-maratonas e maratonas)?
2. Como posso correr mais rápido (digamos, fazer 5km em um minuto ou menos)?
3. Como posso superar os problemas (lesões físicas ou emocionais) que adquiri tentando correr mais longe e mais rápido?

Este livro não se limita a responder às três grandes perguntas. Ele abrange (o que mais poderia ser?) 101 tópicos, ou lições, como são chamadas aqui. Eu as apresento da forma mais clara e precisa que as quatro décadas de experiência em aprender e ensinar me permitem. Talvez você esteja aprendendo essas lições pela primeira vez, ou reaprendendo depois que suas próprias corridas saíram do rumo. Ou você pode usar *Corrida em 101 Lições* como livro didático, caso alguém lhe faça a mais lisonjeira das perguntas: você me ensina a correr melhor?

Índice

Parte III Treinar para Competir

Índice de Lições

PARTE

1

Começar a Correr

O guarda-chuva da corrida nunca abrigou tanta gente. Corredores mais velhos, lentos, pesados e, especialmente, atletas do sexo feminino nunca se sentiram tão bem-vindos. Seja qual for o tipo de atleta que é ou deseja se tornar, há um lugar para você nessa atividade.

85-7241-641-2

CAPÍTULO

1

Estabelecer Metas

Encontre a abordagem que se adapte melhor a você – do treino básico às competições de longa distância.

O ato de correr é praticamente tão simples quanto colocar um pé na frente do outro e lembrar-se de alterná-los. Você não precisa de um livro para aprender como se faz isso. Você começou a aprender quando era um bebê e foi tropeçando para os braços de sua mãe ou seu pai, e aperfeiçoou a ação ao longo de todo o ano seguinte.

Lição 1: Visão Geral das Metas

Correr, a atividade que transcende a locomoção básica, não é algo simples de apresentar. Uma das complicações é que não é uma única atividade, mas um aglomerado de muitas atividades que se abrigam sob um guarda-chuva. Pode-se correr por condicionamento ou para competir, para relaxar ou por lazer, pela conversa ou pela contemplação – ou por duas ou mais dessas razões combinadas. Pode-se correr distâncias longas ou curtas, em ritmos fáceis ou intensos – ou um pouco de cada. Pode-se especializar em correr ou encaixar a corrida num esquema mais amplo de condicionamento físico que inclua esportes e exercícios suplementares e complementares. Pode-se correr todos os dias do ano, ou saltar alguns dias ou estações inteiras.

O guarda-chuva da corrida nunca abrigou tantas pessoas. O número total de corredores é o maior de todos os tempos e o escopo da corrida se amplia cada vez mais. Corredores idosos, lentos, pesados e, especialmente, atletas do sexo feminino nunca se sentiram tão bem-vindos. Seja qual for o tipo de corredor que é ou deseja se tornar, você encontra seu lugar ao sol nessa atividade.

Primeiro, você precisa identificar seu objetivo. Aonde quer chegar como corredor e qual o melhor caminho para chegar lá? Você já escolheu um livro para ajudar a traçar esses planos. Depois de perseguir um objetivo por algum tempo e, finalmente, alcançá-lo, volte aqui e estabeleça para si uma das muitas outras metas alternativas.

Lição 2: Os *Booms* da Corrida

A revista *Runner's World* deu a isso o nome de "o segundo *boom* da corrida". Não é uma estratégia para aumentar a circulação da revista, que atingiu seu máximo no final da década de 1990. Os participantes do segundo *boom* é que causaram o aumento de circulação. Vamos falar sobre esse *boom*, para que você possa ver onde se enquadra.

Nos anos 1970, o número de corredores e competições subitamente aumentou dez vezes. A maioria dos corredores daquela época eram homens jovens e, destes, a maioria levava a corrida muito a sério. Esse tipo de corredor nunca deixou de existir, é claro. Os homens jovens e rápidos sempre estarão conosco, mas a porcentagem deles dentro da população de corredores está diminuindo.

A população total de corredores nunca diminuiu desde aquele primeiro *boom*. Não acabou com uma queda brusca na década de 1980. O crescimento simplesmente estacionou. Depois, o esporte voltou a crescer na década de 1990, mas de maneiras diferentes. As corridas, hoje, são:

- **Maiores.** No ápice do primeiro *boom*, o número de inscritos em maratonas nos Estados Unidos nunca ultrapassou os 100.000. Hoje, um número de corredores mais de quatro vezes maior participa de maratonas.
- **Mais curtas *e* mais longas.** A distância mais popular durante o primeiro *boom* era de 10km. Na verdade, a maioria das competições era de 10km. Agora, as competições mais populares são as de 5km (com eventos femininos e corporativos contribuindo pesadamente para esse crescimento) e as maratonas.
- **Mais lentas.** Durante o primeiro *boom*, o tempo médio da maioria dos corredores para uma corrida de 10km era de 40 a 45min e, para a maratona, 3h a 3h30. No segundo *boom*, acrescentamos 10min ao tempo médio para os 10km, e uma hora ao das maratonas.
- **Para pessoas mais velhas.** A maioria dos corredores do primeiro *boom* ainda está correndo no segundo e, naturalmente, envelheceu 20 anos

85-7241-641-2

ou mais. A eles, uniram-se os recém-chegados que descobriram o esporte na meia-idade. As faixas etárias com mais corredores hoje em dia são as do final da terceira década de vida e do começo da quarta (a exceção são as mulheres de vinte e poucos anos. Esse é o segmento feminino que cresce mais rapidamente e as mulheres são, em geral, o grupo que cresce mais rápido entre os corredores – chegando hoje a 50% em muitas competições).

- **Mais amistosas.** Não é que os corredores do primeiro *boom* fossem anti-sociais, mas tendiam a ser solitários. Os corredores do segundo *boom* têm mais probabilidade de se filiar a um clube, treinar com um técnico e um programa organizado, correr numa competição com equipe da empresa ou participar de eventos que angariam fundos para filantropia. Os corredores de hoje também tratam as competições

Figura 1.1 – Dar os primeiros passos para se tornar um corredor pode levar você a uma vida inteira de amor pelas corridas.

85-7241-641-2

mais como eventos sociais e de lazer do que como as sérias competições atléticas que um dia foram.

Somente a qualidade e a profundidade dos desempenhos dos atletas norte-americanos estão em queda nos dias de hoje. Em todos os outros parâmetros – número total de corredores, variedade (em termos de capacidade, idade, constituição física e sexo), eventos para corredores e recursos disponíveis para os corredores – este é o melhor de todos os tempos para se correr nos Estados Unidos.

Lição 3: Opções de Carreira

85-7241-641-2

A corrida não é uma atividade em que uma única abordagem funciona para todos. Um corredor pode escolher entre muitas abordagens diferentes e mudar de uma para outra à medida que seus interesses evoluam. Normalmente, um corredor passa por três estágios: primeiro, ele se exercita; depois passa a competir e, por fim, torna-se um corredor vitalício.

Nenhum desses períodos é preciso e as linhas entre eles não são claramente definidas. Pelo bem da simplicidade, porém, podemos dizer que a pessoa que se exercita corre pelo condicionamento; a que compete treina para as competições e o vitalício corre simplesmente por correr. A primeira questão, portanto, é obter um bom condicionamento, depois atingir os próprios limites em termos de distâncias e ritmos e, finalmente, tratar a corrida como um fim em si mesma.

No primeiro estágio, você corre principalmente para recuperar e depois manter o condicionamento físico. No segundo, está motivado para ultrapassar seus limites de distância e velocidade na companhia de outros corredores em eventos organizados. No terceiro, você não abandona seu condicionamento nem, necessariamente, as competições. Pode continuar competindo, assim como as muitas pessoas que treinam só para competir e pode ficar, no mínimo, em tão boa forma quanto aqueles que correm apenas para manter a forma. Mas você não *precisa* desses resultados tanto quanto um dia precisou.

Você não deixa os dois primeiros estágios para trás quando evolui para o terceiro, mas simplesmente os modifica para que se adaptem à sua nova visão. Você corre mais que aquela meia hora, quatro dias por semana, necessária para manter a forma, mas menos que as semanas de muitos quilômetros, com corridas longas no sábado e no domingo e trabalhos com a velocidade no meio da semana, fundamentais para bater recordes. A promessa de um corpo mais magro ou de um coração mais forte, ou tempos mais rápidos e distâncias mais longas para competições tornam-se agradáveis efeitos colaterais da corrida, em vez de serem as principais razões para correr.

Veja agora o que três médicos renomados dizem sobre os três estágios.

Lição 4: Correr para Manter a Forma

Kenneth Cooper, cujos livros sobre aeróbica recebem o crédito geral por terem colocado a América no caminho da boa forma aeróbica, não é um corredor fanático. Embora tenha corrido em competições no colégio e na faculdade e tenha se exercitado ao longo dos anos, desde então, ele alega que nem mesmo gosta muito de correr. No entanto, ele adora os resultados que obtém da corrida com um pequeno investimento de tempo. A corrida típica de Cooper dura cerca de 20min e ele tem montanhas de dados para comprovar isso ser suficiente para manter a forma.

Manter a forma não quer dizer o mesmo que saúde. Saúde é uma condição passiva – ausência de doença ou incapacidade. Boa forma é ativa – uma capacidade aprendida de trabalhar regular e eficientemente e com energia de sobra. Você não pode sentar e esperar que a boa forma chegue. Você tem de ir atrás dela, buscando, desafiando-se e se superando. "Você tem de correr sem parar", escreveu Lewis Carroll em *Alice no País das Maravilhas,* "só para se manter no mesmo lugar". E, para obter ganhos ainda maiores, precisa correr ainda mais.

Mas quanto mais? A prescrição do dr. Cooper para otimizar a corrida são 3 a 5km, 3 a 5 dias por semana. "Qualquer pessoa que corra mais que 25km por semana está correndo por outras razões, não para manter a forma".

Há razões convincentes para correr além do limite de Cooper – treinar para competições e correr por recreação ou para relaxar, só para citar duas. Mas perceba que a corrida extra pode acrescentar pouco ou nada ao condicionamento físico básico e até ser um fator contra a sua boa forma ao aumentar o risco de lesões. Se a única coisa que você deseja da corrida é uma rápida melhora física, simplesmente siga a fórmula de Cooper. Corra distâncias modestas fazendo esforços moderados, pelo menos dia sim, dia não.

Lição 5: Correr por Esporte

85-7241-641-2

Joan Ullyot escreveu o sucesso de vendas *Women's Running* em meados da década de 1970. Mas, antes que ela pudesse escrevê-lo, tinha de viver as lições que passaria para as outras mulheres.

Até os 30 anos, Ullyot nunca tinha corrido. Ela começou pelas razões de sempre, para perder peso e livrar-se dos persistentes efeitos do tabagismo. Poucos anos depois de se esforçar para completar uma única volta em uma pista de corrida, ela havia melhorado o bastante para competir nos campeonatos mundiais de maratona. Ela continuou melhorando seus tempos enquanto entrava na quarta década de vida e manteve-se entre as melhores competidoras de sua faixa etária.

Patologista por formação, Ullyot especializou-se em fisiologia do exercício depois de se tornar corredora. Monitorou cuidadosamente os efeitos dos treinos e das competições, em si mesma e em seus pacientes, enquanto ela e eles realizavam a dificílima tarefa de correr o bastante para evoluir, mas não tanto que se esgotassem. A médica elaborou uma série de orientações para administrar tais dificuldades. Chamou-as de "Regras de 10":

1. "Aumente suas corridas, no máximo, 10% por semana". Um corredor que corra numa determinada semana, por exemplo, 40km, progredirá para 44km, não mais que isso.
2. "Não use mais que 1,6km em cada 16 para trabalhos de velocidade". Nosso corredor de 40km faria, em média, 4km de corrida em alta velocidade durante treinos ou competições, não mais que isso.

85-7241-641-2

Figura 1.2 – Quando você iniciar carreira como corredor, lembre-se de ir evoluindo aos poucos. Os resultados não aparecem da noite para o dia, mas acontecem com o tempo.

3. "Você não atingirá todo o seu potencial como atleta até que tenha treinado, pelo menos, durante 10 anos". Isso é verdadeiro, independentemente da idade inicial do corredor. A própria Joan é prova disso, já que sua melhor maratona foi 18 anos depois de começar a correr. Entretanto, a maioria dos corredores observa que seu tempo estaciona dentro de aproximadamente uma década. O trabalho duro propicia resultados mais raros e menores. É aí que eles começam a pensar em diminuir a intensidade.

Comentário de Corrida: Prazo de Validade de 10 Anos

85-7241-641-2

Joan Ullyot foi a primeira pessoa a me falar sobre a regra dos 10 anos. Talvez ela tenha sido a autora – uma médica, atleta pioneira e autora de *Women's Running*. "Não importa com quantos anos você comece a correr: pode esperar cerca de 10 anos de desenvolvimento", disse Joan. "Esse é o tempo que leva para aprender o jogo".

Isso é verdade, ela acrescentou, se você começar com 15, 35 ou 55 anos. O relógio dos 10 anos começa a funcionar quando você começa a correr. Alguns corredores tentam enganar o relógio, mas geralmente não o conseguem por muito tempo.

Com o conhecimento que ela adquiriu em seus anos de medicina, mais um último grande impulso em seu treinamento, a própria Joan esticou o prazo e conseguiu seu RP (recorde pessoal) de 2h47min em seu 12º ano de maratonas, com 48 anos. O corredor mais famoso a ultrapassar a regra dos 10 anos foi Carlos Lopes. Ele já competia há quase 20 anos quando ganhou a Maratona Olímpica e, pouco tempo depois, estabeleceu um recorde mundial. Mas, em virtude de lesões, ele havia sido forçado a parar durante vários anos ao longo daquele período.

Para cada Ullyot e Lopes que excedem a norma de dez anos de desenvolvimento, outros têm um prazo mais curto para corrigir a média. Jack Foster e Priscilla Welch começaram a correr, ambos, por volta dos 35 anos e, sete a oito anos depois, os dois estabeleceram recordes mundiais para maratona sênior que levaram anos para ser derrubados.

Tudo isso é um aviso, para você, de que seus anos de corrida com tempos rápidos são limitados. Dez anos parecem funcionar bem como média. Gosto de citar esta regra geral porque, no meu caso, ela funcionou perfeitamente. Muito antes de conhecer Joan Ullyot, ou de perceber que meu desenvolvimento não duraria indefinidamente, não conseguia correr mais rápido. Eu comecei a correr pouco antes de fazer 15 anos. Meu último RP anotado foi aos 25 anos.

Uma vez que a garantia de progresso expira, o que fazer? Desistir? Alguns corredores desistem, mas não muitos. Chegar ao pico nesse esporte não significa que depois de chegarmos ao pico cairemos subitamente de um penhasco. É mais provável que haja um platô lá no alto, onde muitos corredores acampam durante muito tempo antes de começar um declínio gradual. Outros imediatamente começam a trabalhar para escalar novos e diferentes picos depois de chegar a esse primeiro. Esta tem sido minha escolha, várias vezes.

Meus primeiros dez anos de corrida, dos 15 aos 25, foram os anos rápidos. Eu conseguia RP permanentes nesse período, em competições curtas como 100m e longas como maratonas (sendo que a primeira e mais rápida consegui no último ano daquele ciclo).

Os dez anos seguintes – dos 25 aos 35 anos – foram os anos de distâncias longas. Mais da metade das maratonas de minha vida e todas as minhas tentativas em ultramaratonas foram naqueles anos – bem como a lesão que mais ameaçou minha carreira.

A outra década – 35 a 45 – comportou meus anos magros. Complicações familiares e profissionais me levaram a uma semi-aposentadoria – em que as competições foram poucas e em geral lentas e as corridas eram regulares, mas na maioria curtas.

As corridas e as competições reviveram na minha quarta década no esporte. Foram anos mistos, equilibrando corridas longas (maratonas outra vez, depois de uma longa pausa), corridas rápidas (competições de até 1.600m) e dias fáceis (freqüentemente descansos voluntários, ao que sempre resisti em todos os meus ciclos anteriores).

Minha quinta década de corrida começou. É cedo demais para saber que mudanças podem acontecer neste ciclo mais recente, mas estou ansioso, como sempre, para descobrir.

85-7241-641-2

Lição 6: Corredores Vitalícios

George Sheehan, o melhor escritor sobre corridas de todos os tempos, uma vez observou que a "boa forma é um estágio pelo qual passamos antes de nos tornarmos corredores vitalícios". Podemos acrescentar que a corrida é um estágio pelo qual passamos no caminho para nos tornarmos corredores vitalícios.

Sheehan ofereceu a melhor descrição dos corredores vitalícios: "Para cada corredor que percorre o mundo competindo em maratonas, há milhares que correm para ouvir as folhas e escutar a chuva, e buscam o dia em que, subitamente, será tão fácil quanto o vôo de um pássaro. Para eles, o esporte não é um teste, mas uma terapia; não um julgamento, mas uma recompensa; não uma pergunta, mas uma resposta".

Derek Clayton, certa vez, parecia ser o pior candidato possível para se enquadrar nessa definição. O australiano viajava pelo mundo das maratonas

nas décadas de 1960 e 1970, correndo essa distância mais rápido que qualquer outro até então. Ele também treinava mais que qualquer maratonista jamais treinara e talvez por isso tenha reinado como o detentor do recorde mundial por mais de 12 anos.

Quando treinava em seu máximo, Clayton corria até 320km por semana. A recompensa era seu recorde, mas também havia um preço a pagar. Nove cirurgias foram o preço. Ao se aposentar das competições, Clayton fez a seguinte declaração, direta e esclarecedora: "Hoje posso admitir, com sinceridade, que não senti prazer em um único minuto de minhas corridas e que é um alívio parar com elas".

Mas sua história não acabou aí. As lesões relacionadas às corridas de Clayton ficaram curadas com o tempo. Ele começou a sentir falta de correr alguns meses depois de se aposentar. Não sentia falta das semanas de 320km e das maratonas que tanto o haviam esgotado. Sentia falta de alguma coisa na própria rotina diária da corrida.

Clayton começou a correr novamente. Mas dessa vez se limitou a meia hora por dia, aproximadamente em um ritmo confortável. Ele declarou que seu ponto de vista sobre a corrida mudara, do trabalho duro que ele mal suportava para "um dos melhores momentos em meu dia".

Correr já não era um teste para ele, mas uma terapia; não seu julgamento, mas sua recompensa; não sua pergunta, mas sua resposta. Você também pode correr como o homem que já deteve o recorde mundial.

85-7241-641-2

Lição 7: Teste de Milha

Seja qual for seu grau de envolvimento com a corrida – exercício, competição ou corrida vitalícia – uma das melhores formas de mensurar o condicionamento é verificar seu tempo em uma determinada distância. E a distância mais usada para corredores nos EUA é a milha (1,6km). Os parâmetros de tempo da Tabela 1.1 foram desenvolvidos para o programa *National Fun-Run*, da revista *Runner's World*, com base no teste de 12min do ícone da boa forma, Kenneth Cooper.

Faça o teste assim: depois de um aquecimento, corra quatro voltas em uma pista padrão de 400m, ou em um percurso plano onde você possa medir a distância com precisão. Não corra a toda velocidade, mas em ritmo confortável, fazendo intervalos para caminhar, se necessário. Enquadre-se em um dos três níveis de condicionamento – superior, regular ou ruim – de acordo com seu tempo, sexo e idade. Observe que os parâmetros de tempo não são comparações com atletas de elite, mas determinam seu nível de condicionamento em relação ao da média da população.

Tabela 1.1 – Teste de milha (1,6km)

Faixa etária	Condicionamento superior (min)	Condicionamento regular (min)	Condicionamento ruim (min)
Mulheres			
13 – 19	7:00 ou menos	7:00 – 8:29	8:30 ou mais
20 – 29	7:30 ou menos	7:30 – 8:59	9:00 ou mais
30 – 39	8:00 ou menos	8:00 – 9:29	9:30 ou mais
40 – 49	8:30 ou menos	8:30 – 9:59	10:00 ou mais
50 – 59	9:00 ou menos	9:00 – 10:29	10:30 ou mais
acima de 60	9:30 ou menos	9:30 – 10:59	11:00 ou mais
Homens			
13 – 19	6:00 ou menos	6:00 – 7:29	7:30 ou mais
20 – 29	6:30 ou menos	6:30 – 7:59	8:00 ou mais
30 – 39	7:00 ou menos	7:00 – 8:29	8:30 ou mais
40 – 49	7:30 ou menos	7:30 – 8:59	9:00 ou mais
50 – 59	8:00 ou menos	8:00 – 9:29	9:30 ou mais
acima de 60	8:30 ou menos	8:30 – 9:59	10:00 ou mais

85-7241-641-2

Lição 8: Manter um Histórico

Você pode ser seu próprio biógrafo. Não é necessário ser um escritor talentoso para tirar proveito de um diário. Você não precisa mais de um minuto por dia para escrevê-lo. Nem sempre se tem de escrever uma, ou várias palavras, Números sozinhos contam histórias tanto quanto evocam antigas sessões de treino e sugerem novas possibilidades. O método começa com três diretrizes:

1. **Mantenha registros simples**. Limite a quantidade de informações a alguns dados essenciais que possam ser anotados com poucas palavras, rapidamente e de modo acessível, para futuras revisões. Quanto mais difícil manter um diário, menor a probabilidade de que você o utilize. Você não precisa de um diário de treino impresso. Um calendário com quadrados grandes para cada dia servirá bem, contanto que esteja afixado à parede de seu quarto ou escritório, mas não será fácil levá-lo de um lugar a outro. Um caderno de notas é melhor para transportar. Preencha uma, duas ou mais linhas por dia.
2. **Atualize-os**. Analise os dados acumulados ao longo de um período razoável para julgar seus resultados. Reveja-os ao final de cada semana, mês e ano. Quanto mais tempo você mantiver o diário, mais claros se tornarão seus padrões de resposta ao exercício – e mais claras suas idéias a esse respeito. Dias de treino deixam pegadas aparentemente sem sentido no diário. A princípio, você não consegue perceber muito bem a direção através delas. Mas semanas, meses e anos formam

85-7241-641-2

um rastro que aponta duas direções. Mostra onde você esteve e para aonde poderá ir.

3. **Guarde-os.** Guarde suas anotações em lugar seguro, tratando-as como o material precioso em que se tornarão com o tempo. O valor delas aumenta com o tempo e volume. O principal mérito de um diário é ser uma biblioteca pessoal de sonhos e lembranças. Você pode abri-lo em qualquer página e trazer aquele dia de volta à vida. Você pode produzir um vídeo imaginário e, com alguns dados daquela página, recriar tudo o que fez e sentiu naquele dia. Essas anotações dão substância e permanência aos esforços que, de outra forma, seriam tão efêmeros quanto o momento e às experiências, que seriam tão invisíveis quanto pegadas na calçada.

CAPÍTULO

2

Escolher o Vestuário

Vista-se para obter segurança, conforto e desempenho dos calçados e roupas elaborados para você.

Lição 9: Visão Geral dos Equipamentos

Correr é uma atividade minimalista e o custo de se colocar em movimento não precisa ser alto. Você pode se equipar com o material básico gastando menos do que gastaria em uma sessão de cinema e um jantar para dois. Só precisa de um bom par de tênis, para impedir que o solo machuque seus pés e do mínimo de roupas necessário para vestir-se com simplicidade e conforto. As necessidades de um corredor são poucas, mas as escolhas são muitas.

Considere os calçados, por exemplo. Um par pode durar meio ano ou mais e custar menos de *cinco centavos por milha de uso*. Mas poucos corredores ficam satisfeitos com um único par. Fazemos um rodízio com vários modelos para fins especiais – treino e competição, rua e todos os terrenos. E mudamos de um modelo para outro, de uma marca para outra, na busca do inexplicável calçado perfeito.

Como corredores, nossa escolha de roupas poderia ser tão simples quanto vestir trapos velhos quaisquer de nossos armários e gavetas. Mas queremos mais. Camisetas e casacos, *shorts* e calças têm que nos vestir perfeitamente. Os tecidos devem permitir ventilação e absorção, mas não restringir os movimentos, nem machucar. Além do conforto, não nos vestimos de modo apenas funcional, mas também pensando na moda. Os

85-7241-641-2

estilos estão constantemente mudando, então fazemos novas compras, antes mesmo que nossas roupas estejam gastas.

Também há abundância de acessórios – suplementos para os tênis, joelheiras, mochilas para suprimentos, viseiras. O acessório mais útil – poderíamos dizer crucial – fica no seu pulso. Pode ser um relógio digital barato, com cronômetro, para verificar os tempos de corrida; um dispositivo de alta tecnologia que registre dados para consultas posteriores, ou até mesmo um computador de bordo que oriente seus esforços medindo a freqüência cardíaca.

O mercado aumentou a sofisticação – e os preços – do que o corredor pode desejar. Mas nossas verdadeiras necessidades continuam sendo poucas e razoavelmente baratas.

Lição 10: Escolher os Tênis

Primeiro considere suas necessidades em termos de calçados. Provavelmente esteja correndo distâncias moderadas em um ritmo tranqüilo, e não distâncias de dois dígitos todos os dias, em velocidades olímpicas. É possível que você esteja acima do peso e não em total forma física, de modo que possa tolerar o impacto causado pelas superfícies duras.

Se você se encaixa em qualquer parte dessa descrição, procure tênis bem acolchoados, com bom suporte e com as seguintes características: material macio e não irritante na parte superior do calçado (mais náilon que couro), espaço adequado para os dedos dos pés (questão de tamanho e corte do calçado); combinação de materiais na sola (durável na parte externa com algo mais macio na região do meio da sola, para maior conforto), elevação no calcanhar (um calço que faça com que o calcanhar fique mais alto que a sola), proteção para o calcanhar (na forma de contorno rígido na parte posterior, para maior estabilidade) e flexibilidade na parte dianteira do calçado (para dobrar o pé com facilidade).

85-7241-641-2

Muitos fabricantes bem estabelecidos no mercado atendem a essas necessidades. Aqui vai uma dúzia deles, em ordem alfabética: Adidas, Asics, Brooks, Converse, Etonic, Fila, Mizuno, New Balance, Nike, Puma, Reebok e Saucony. Escolha tênis de qualquer um desses fabricantes, cujos modelos são discutidos regularmente em pesquisas de revistas especializadas em corrida e em cuja qualidade você pode confiar.

Os preços variam bastante. Você pode optar por marcas pouco conhecidas em lojas de ponta de estoque ou em catálogos de vendas por menos de R$90,00, e pode cometer uma extravagância adquirindo modelos de alta tecnologia, que custam cerca de R$450,00. Evite os dois extremos. Você pode se proteger muito bem com tênis de boas marcas que custam em média R$215,00. Para orientação quanto à escolha e ao ajuste, pergunte a um vendedor de loja especializada em artigos de corrida ou a um corredor experiente.

Outro fator a considerar é o tipo de pé. Médicos especializados em saúde dos pés geralmente categorizam os pés em dois grupos: flexíveis ou rígidos. Os flexíveis tendem a ser *chatos* e precisam que os calçados forneçam maior firmeza e estabilidade, enquanto os pés rígidos apresentam arcos extremamente altos e requerem mais amortecimento e flexibilidade.

O primeiro passo para evitar lesões causadas pelos calçados é escolher os tênis certos. O segundo passo é não deixar que seus tênis fiquem velhos demais. Todos os calçados se desgastam com o uso constante, perdendo o acolchoamento e a flexibilidade. O fator crítico é o desgaste excessivo nos calcanhares. A maioria dos corredores força os pés ligeiramente para fora do centro. Isso faz com que toda a planta do pé fique gradativamente fora de centro.

85-7241-641-2

Quando a camada externa e mais dura da sola – normalmente com cerca de meio centímetro de espessura – sofre desgaste, o estresse adicional nos pés pode trazer problemas. Quando os calçados chegam a esse estado, você deve aposentá-los e substituí-los. Oitocentos quilômetros de corrida são o máximo de serviço útil que você pode esperar de seus tênis.

Você pode prolongar esse tempo de vida ao não usar o mesmo par de tênis em todas as corridas. Compre dois pares ou mais e alterne-os. Isso terá o mesmo efeito que o rodízio dos pneus de um carro. Cada marca e modelo – e até o mesmo par em vários estágios de uso – criam estresses diferentes nos pés e nas pernas. Equilibre esses estresses não usando o mesmo par por muitos dias seguidos.

Comentário de Corrida: Segurança dos Calçados

Uma história vinda do Canadá recebeu muita atenção e divulgação, lá e nos Estados Unidos. Eu a ouvi pela primeira vez na *National Public Radio*, e depois recebi o artigo do *Toronto Globe and Mail* enviado por um amigo canadense, John McGee. A manchete provocativa do artigo no jornal: "Tênis caros superestimados, segundo relatório". O subtítulo dizia: "Calçados baratos oferecem tanta proteção aos corredores quanto os mais caros".

A história da repórter Beverly Smith começava assim: "As pessoas estão sendo enganadas pelas alegações de que tênis atléticos caros são mais seguros que os calçados mais baratos, segundo um relatório canadense publicado no *British Journal of Sports Medicine*. A publicidade alegando amortecimento e proteção de qualidade superior cria um falso senso de segurança no usuário e chega a aumentar os riscos de lesão". Esses eram os resultados de um estudo de Steven Robbins e Edward Waked, da Universidade McGill de Montreal.

Ler apenas um resumo de uma pesquisa nos jornais é arriscado, porque os repórteres tendem a simplificar excessivamente (ou até a interpretar mal) certos aspectos de relatórios científicos e a fazer sensacionalismo com outros. John McGee, um colunista de corridas de um jornal de Edmonton, queria minha opinião sobre o assunto. Minha resposta: é tão equivocado dizer que calçados *causam lesões* quanto afirmar que eles *evitam lesões*. Nos dois casos, os calçados provavelmente sejam atores secundários. A principal causa de lesões sempre foi, talvez ainda seja e venha a ser sempre os erros em nosso modo de correr, o que significa: muito rápido, com muita freqüência.

85-7241-641-2

Dito isso, posso lhe dizer que a porcentagem de corredores que sofrem lesões vem caindo constantemente desde a década de 1970. Naquela época, as pesquisas da revista *Runner's World* indicavam que cerca de dois terços dos corredores sofriam lesões por ano (a lesão é definida como qualquer coisa grave o bastante para perturbar a rotina). Esse número caiu desde então para cerca de 50% de corredores lesados por ano, o que ainda é alto.

O crédito pelo aumento de nossa segurança vem de dois aspectos:

- Os corredores ficaram mais espertos, ou pelo menos mais cautelosos, em seus treinos ao longo dos anos.
- Os fabricantes melhoraram as características de proteção dos tênis.

A verdadeira resposta provavelmente seja um pouco de cada, mas meu palpite é que o primeiro fator é o mais importante.

Conheço os estudos e as conclusões de Steve Robbins (o principal autor do estudo de McGill) desde os anos 1980. Sua antiga tese é que o melhor calçado é o mínimo de calçado e que a melhor alternativa pode ser corrermos descalços.

Eu também, coincidentemente, prefiro um mínimo de calçados. Mas enquanto Robbins usa a ciência para fundamentar sua proposição, no meu caso é apenas uma preferência pessoal e não uma alegação de que exista qualquer coisa errada no modo como os tênis de hoje são fabricados ou vendidos. Minha conclusão, nada científica, é que escolher os tênis é mais uma questão de conforto que de segurança (ou mesmo de desempenho). Sinto-me mais confortável usando calçados leves, delicados. Isso não está em sintonia com a maioria dos corredores de hoje, que se sentem melhor em modelos mais substanciais.

A cada um o que é seu. Não acho que outros corredores estejam sofrendo por suas escolhas, assim como eu não estou.

Lição 11: Amaciar as Superfícies

Um mito comum sobre a corrida é que o impacto das superfícies duras tem maior probabilidade de causar lesões, ao passo que superfícies macias, como grama e areia, são mais gentis para com os pés e as pernas. Mas uma pesquisa da revista *Runner's World*, com milhares de corredores, indicou que atletas que correm na grama e na areia se machucam com a mesma freqüência que aqueles que correm apenas no asfalto ou no concreto. O estudo concluiu que erros na rotina de corrida têm mais probabilidade de causar problemas que a superfície em que se corre.

As melhorias dos tênis neutralizam a maior parte do impacto sentido nas superfícies duras, criando superfícies portáteis macias e a maioria dos corredores agora usa as ruas, por várias razões. As ruas geralmente são bem iluminadas para correr a qualquer hora; é possível correr nelas em quaisquer condições do tempo; e são uma superfície segura e regular.

85-7241-641-2

Figura 2.1 – Correr num calçamento regular pode ser mais fácil para o corpo do que correr em superfícies macias.

Por menos lógico que pareça, essas superfícies podem ser o melhor lugar para correr se você está se recuperando de uma lesão. Embora você possa achar que ficar longe das ruas o protegeria de uma lesão, os pés e as pernas freqüentemente respondem melhor às ruas e estradas que à grama e à areia. Isso não ocorre porque as ruas são duras, mas porque são regulares. O terreno irregular causa estresses de torção que podem agravar a dor, digamos, no joelho ou no tendão de Aquiles.

Embora questões práticas determinem que muitas de suas corridas serão sobre superfícies duras, não se prive completamente das mais macias. As estatísticas no estudo mencionado acima ignoram um fator fundamental. As dores menores (em contraste com as verdadeiras lesões) de que sofrem os corredores em virtude do constante impacto são evidentemente mais graves nas superfícies duras das ruas, e as superfícies macias são *esteticamente* mais agradáveis.

Correr no macio pode exigir um novo par de tênis. Os modelos atuais, tipicamente volumosos, de solas espessas e com bom apoio, são desenhados para correr nas ruas. Eles não trabalham tão bem quando o solo é macio e irregular. Fora das ruas, sua melhor opção é um tênis de corrida um pouco mais leve. Sua sola mais fina e sua maior flexibilidade lhe permitem mais equilíbrio, deixando você em contato mais estreito com o solo desigual.

Lição 12: Roupas Conforme o Clima

Foram-se os dias dos agasalhos cinza e sem forma, dos *shorts* de ginástica de algodão e das camisetas brancas como equipamento padrão de corrida. Casacos e calças impermeáveis e *shorts* e camisetas regata antitranspirantes, confeccionados com tecidos sintéticos, são o topo da moda. Corredores que outrora podiam gastar R$75,00 para se vestir, incluindo os tênis, hoje podem gastar dez vezes mais.

Não é necessário gastar tanto dinheiro. É certo que alguns dos novos itens fizeram com que a corrida ficasse mais confortável, mas muitos deles são modismos e pouco funcionais. Você deve se preocupar com a função – com o efeito que a roupa terá sobre seu desempenho.

O que é essencial? Bons tênis e o que mais for confortável. Vista-se pelo conforto, pelas condições, pela proteção e para se abrigar, não para se mostrar.

Como saber quanta roupa é o bastante? Verifique a previsão do tempo e adicione ou retire itens, dependendo do calor ou frio que fará – ou da umidade. Este conselho pode parecer óbvio, mas as temperaturas no termômetro não são o que parecem. Os corredores costumam se vestir mais em excesso do que menos do que precisam, porque acham que a temperatura ficará constante durante toda a corrida ou competição. Mas nunca é assim.

85-7241-641-2

85-7241-641-2

O corpo humano trabalha muito bem como fornalha, mas é um aparelho de ar condicionado meio ruim; ele é melhor produzindo do que dissipando calor. Como resultado, a sensação é de que a temperatura está cerca de 11°C mais alta durante a corrida. Isso significa que um dia agradável logo dará a sensação de calor, mas também que um dia quase congelante logo oferecerá uma sensação prazerosa.

Vista-se tendo em mente esta regra para a temperatura. Comece sentindo um pouco de frio, sabendo que logo estará confortável, enquanto os corredores ao seu redor estarão transpirando ou despindo suas roupas caras e na moda.

A roupa tem um propósito semelhante ao dos tênis. Enquanto os tênis neutralizam a superfície dura, a roupa (ou a falta dela) ajuda a controlar o

Figura 2.2 – Uma variedade de opções de roupas faz com que seja possível correr sob qualquer condição climática.

clima inóspito. Comece com o básico – tênis, *shorts* de corrida e camiseta – e vá acrescentando camadas de acordo com o clima. A Tabela 2.1 lista algumas orientações para ajudá-lo(a) a se vestir para as mais diversas condições climáticas.

Lição 13: Abundância de Acessórios

Do que mais você precisa, além de tênis? Não muito, embora muitos fabricantes queiram que você experimente seus produtos. Um exemplar comum de uma revista especializada em corridas apresenta uma fascinante variedade de acessórios. Mesmo admirando a engenhosidade do mundo norte-americano dos negócios, você pode tratar a maioria desses itens como luxo ou curiosidades. Poucos oferecem algum benefício direto à sua corrida e alguns podem até atrapalhar. Entretanto, cinco categorias de produtos podem contribuir significativamente para sua saúde e prazer enquanto corre:

- Relógios digitais (ver Lição 14). Tornaram-se tão essenciais quanto tênis e *shorts*. Os cronômetros de pulso, baratos e versáteis, se transformam em seu técnico de pulso, cronometrando com precisão cada corrida. Os relógios recomendados são os que registram uma série de tempos, para revisão posterior e aqueles com alarmes que avisam o horário dos intervalos de corridas e caminhadas.
- Monitores de freqüência cardíaca que medem seu esforço objetivamente. A freqüência do pulso é uma mensuração mais confiável de esforço que o ritmo. O monitor é especialmente valioso para os corredores que precisam de uma mensuração objetiva sobre quando e como correr com mais facilidade em seus dias fáceis, e começar mais devagar nas competições.
- Inserções para os calçados, que vão desde acolchoamento nos calcanhares para absorver impacto até órteses fabricadas em série. Esses produtos normalmente oferecem mais proteção do que as palmilhas fabricadas com os tênis.
- Garrafas que podem ser fixadas à cintura, para levar água e outros líquidos. Isso permite que você beba quando quiser durante longas corridas sozinho e garante um suprimento de água durante competições com muita gente, quando não se consegue abrir caminho até um posto de água. Os cintos também podem levar alimentos, chaves e identificação.
- Roupas refletoras de luz para correr à noite. Você é bastante invisível para motoristas em ruas escuras, a não ser que use alguma coisa que reflita os faróis deles. Os carros são o maior e mais constante perigo que um corredor enfrenta e este é um jeito fácil de minimizar os riscos de ser atropelado.

Tabela 2.1 – Controle do clima

Percepção da temperatura	Temperatura real	Roupas a serem usadas
Quente	Acima de 21°C	Vista a menor camiseta e o menor par de *shorts* que a simplicidade permita; homens podem optar por correr sem camisa e, as mulheres, por usar um *top* de *lycra*®. Lembre-se de que a alta umidade faz com que a sensação seja de um dia ainda mais quente
Agradável	10 – 20°C	Acrescente uma camiseta de mangas curtas ao uniforme básico
Fresco	0 – 9°C	Acrescente calças ou *leggings* de *lycra*® e uma camiseta de manga comprida ou um casaco leve para temperaturas quase frias
Frio	Abaixo de 0°C	Acrescente uma camada de proteção para mãos e orelhas e, possivelmente, outra camada para as pernas e o rosto em frio extremo. Lembre-se de que o vento forte faz com que a sensação seja de um dia ainda mais frio
Chuva	Agradável	Acrescente um boné com viseira para não atrapalhar a visão; de resto, vista-se como em qualquer dia agradável
Chuva	Fresco	Acrescente um boné e um conjunto de capa e calça impermeáveis; não use roupas de algodão: elas ficam encharcadas
Neve	Frio	Acrescente um par extra de meias para manter os pés secos e aquecidos; certifique-se de que os tênis fornecem a tração adequada em terreno escorregadio

Lição 14: Contagem de Tempo

É uma pergunta simples: “Quanto você correu hoje?”. Os corredores perguntam uns aos outros e os não-corredores às vezes fingem interesse perguntando sobre as distâncias que corremos. A maioria dos corredores, nos EUA, responde com um número em milhas e em todos os outros lugares do mundo a conta geralmente é em quilômetros.

Uma pergunta melhor talvez fosse: “Durante quanto *tempo* você correu hoje?” Uma resposta melhor seria dada em horas e minutos, em vez de

85-7241-641-2

milhas ou quilômetros. Correr por períodos em vez de distâncias é um modo mais preciso de manter seu registro, pela facilidade de acesso aos cronômetros digitais.

George Sheenan gostava de perguntar ao seu público "o que vocês acham que foi o maior avanço desde o *boom* nas corridas nos anos 1970?". As opiniões variavam, de melhores treinos e mais competições a melhores tênis de corrida e dietas aprimoradas.

"Estes são todos bons palpites", dizia Sheenan. "Mas eu acho que o maior avanço está bem aqui" e arregaçava sua manga azul (ele sempre usava um suéter azul) apontando para o relógio que trazia no pulso. "Isto permitiu o recorde pessoal", dizia ele. O esporte não poderia ter crescido tanto se cada um de nós não tivesse um meio de dizer que estávamos vencendo.

Antes dos digitais, o registro do próprio tempo era um jogo de adivinhação. Os relógios com ponteiros eram difíceis de ajustar com precisão e tinham o péssimo hábito de parar de funcionar por causa do impacto ou por se molharem com a transpiração. Os novos relógios permitiram o registro confiável dos tempos em competições e os corredores continuaram usando-os durante os treinos diários. Alguns passaram a gostar tanto da facilidade para cronometrar que corriam estritamente durante períodos e ignoravam a distância, sendo o treino do dia anotado no diário de corrida simplesmente como "30min" ou "1h".

As razões convincentes para começar a mensurar a corrida em tempo são práticas. É um jeito de manter os registros sem ter de medir um percurso e depois seguir fielmente o que se mediu. Você pode se desviar do caminho predefinido e fazer explorações sem prejudicar o resultado final. Quando se está viajando, o tempo permanece constante, por mais novo que seja o percurso. Você não precisa adivinhar qual foi a distância da corrida.

Você continua correndo pelo relógio por razões físicas, psicológicas e filosóficas. Estas estão relacionadas a relaxar um pouco e fazer amizade com o tempo. Quando se corre pela distância e se usa um relógio, o tempo passa a ser um inimigo. Você tenta vencer um prazo – seu recorde pessoal para aquele trecho do treino ou sua meta para aquele dia. O ímpeto natural quando corremos pela distância é fazer mais esforço para acabar antes. Cada segundo além do prazo é uma pequena derrota.

Quando se corre para preencher uma quota de tempo, porém, acontece o contrário. Você não consegue fazer o tempo andar mais rápido ao correr mais, então se adapta a um ritmo que lhe parece certo naquele momento – nem muito rápido, nem muito devagar. Cada minuto ganho é uma pequena vitória.

Apesar dessas vantagens, correr pelo tempo ainda é hábito de uma minoria. Grande número de recém-convertidos está surgindo, contudo, pelo

85-7241-641-2

85-7241-641-2

intervalo para caminhar, que vem se tornando popular. Andar medindo a distância não é prático e, com freqüência, nem possível. Digamos que você queira correr 1km ou 1,6km e depois andar 100m. As marcas de distância ao longo das competições são esparsas e você nunca verá a próxima marca 100m à frente. Estabelecer seu percurso de treino dessa maneira é muito trabalhoso, especialmente quando é desnecessário. É muito mais fácil deixar que o relógio faça todo o trabalho, sinalizando os intervalos e registrando o tempo total.

CAPÍTULO

3

Traçar Planos

Esboce o quadro geral de corrida – quando e aonde você corre, sua postura e seus amigos.

Lição 15: Planejamento Geral

Jornalismo em 101 Aulas ensina aos escritores a base para escrever uma notícia. Eles aprendem a fazer as seis perguntas: quem, o quê, quando, onde, por quê e como. As histórias são construídas em torno das respostas.

Corrida em 101 Lições pede que você se faça as mesmas perguntas. As respostas formam a infra-estrutura de seu programa. Você já respondeu à pergunta "por que você corre", ou não estaria lendo este livro. Os capítulos posteriores, que lidam com detalhes e programas específicos de treino, *lhe dizem o que correr*. Este capítulo trata das outras quatro perguntas.

Quando? O tempo é uma matéria-prima fundamental na criação de um corredor. Você precisa conseguir um pouco de tempo quase todos os dias para treino. Felizmente, correr é, em termos de tempo, eficiente. Poucos corredores precisam de mais de uma hora por dia e a maioria consegue se virar com meia hora.

Onde? Qualquer lugar aonde se possa andar serve para correr, o que significa que você não vai sentir falta de percursos de corrida. Mas alguns são mais seguros, mais agradáveis aos olhos e mais fáceis para suas pernas que outros. Descubra vários percursos que sejam mais gentis para o corpo e a alma.

85-7241-641-2

Quem? Decida com quem você quer compartilhar suas corridas, se é que quer alguém. Prefere correr sozinho para meditar, com um parceiro ou em um grupo pequeno para conversar, ou em uma multidão para competir? Você pode correr com outras pessoas ou longe delas, a escolha é sua.

Como? Esta é uma questão de postura e estilo. Qual é a sua aparência quando corre? Você corre de modo relaxado e eficiente, ou falhas no estilo retardam seu ritmo e diminuem sua distância? Algumas questões de postura são inatas e é melhor deixá-las em paz. Mas você pode reduzir ou acabar com outras falhas para não atrapalhar seu progresso.

Lição 16: Quando, Onde?

A razão mais comum que se ouve para não correr – ou parar de correr – é "não tenho tempo, sou ocupado demais". Ninguém terá tempo se não quiser encontrá-lo. Se quiser correr, você *fará* com que haja tempo e se manterá dentro dele. Quer corra de manhã, à tarde ou à noite, os efeitos serão aproximadamente os mesmos. A hora em que você correr dependerá de sua rotina e do *tempo de seu corpo*. Se acordar cheio de ânimo, levante-se um pouco mais cedo. O horário mais prático para se correr é de manhã, porque você raramente tem outra coisa a fazer nesse horário, além de dormir. *O trânsito é pouco*. O ar está mais fresco e mais limpo de manhã bem cedo. Tomar banho e vestir-se já é parte da rotina matinal.

Correr à tarde é ideal se você tiver um longo intervalo de almoço e um local próximo para exercícios e para se arrumar depois. À tarde se obtêm o triplo benefício da corrida à luz do dia, mudança de ritmo no dia de trabalho ou estudos e a chance de evitar um almoço pesado.

As corridas à noitinha são as mais fáceis de pular. Você volta para casa cansado e com fome. Sua mente se rebela à simples idéia de correr e adiar o jantar, mas, uma vez que você comece, descobre que é um jeito relaxante de encerrar o dia.

A segunda desculpa mais comum para não correr é "não tenho lugar para correr". Olhe à sua volta. Em qualquer lugar aonde você possa andar, também poderá correr.

"O mundo da corrida está em toda parte", disse o técnico de corredores Bill Bowerman. "Abra a porta e você está nele. Saia correndo porta afora, corra no pátio de uma escola, numa rua da cidade, na praia, em uma estradinha no campo ou em um terreno baldio. Corra em uma ciclovia, em uma pista de faculdade, ao redor de um campo de golfe, em um parque, no seu quintal, em um ginásio, no estacionamento de um supermercado. Em qualquer lugar".

Talvez você não tenha acesso ao que parece ser um lugar ideal para correr, como um percurso construído especificamente para isso, como na cidade natal de Bowerman, Eugene, em Chicago. Mas sempre há muitos outros lugares – as ruas, no mínimo.

Para ganhar tempo, encontre lugares para correr perto de casa, da escola ou do trabalho – quanto mais perto, melhor. É melhor se você puder começar e terminar as corridas na porta de sua casa. Esses percursos podem ter vários formatos: ida-e-volta (ou seja, você refaz o mesmo caminho da ida para voltar para casa), em voltas (circuitos repetidos) ou em uma única grande volta. Os percursos de um ponto a outro começam em um lugar e terminam em outro.

85-7241-641-2

Trace os percursos tentando evitar ao máximo áreas congestionadas e dê preferência aos que sejam agradáveis. Se houver interesse em cronometrar, meça os percursos. A precisão da mensuração depende do método utilizado. Os percursos das competições precisam satisfazer padrões muito precisos e são verificados e medidos com rodas de mensuração e fitas de aço. No entanto, suas necessidades diárias não são tão rígidas. Simplesmente faça o percurso de carro, tendo em mente que esse método quase sempre produz rotas ligeiramente mais curtas do que você pensa que são.

Figura 3.1 – Nem todo mundo tem acesso a belas praias para correr, mas você pode correr praticamente em qualquer lugar.

Comentário de Corrida: Identifique-se

O nome dela era Victoria Place, mas ninguém sabia disso no local do acidente, nem mais tarde, no hospital. Ela estava correndo perto de casa, em Des Moines, Iowa, quando um carro a atingiu ao atravessar uma rua.

A mulher voou pelo ar e caiu de cabeça, ferindo-se a ponto de não conseguir se identificar. Ela estava correndo sozinha e nenhum dos corredores que chegaram depois do acidente a conheciam. Ela não portava nenhuma identificação.

Steve Bobenhouse, dono da loja Fitness Sports em Des Moines, disse depois: "A segunda tragédia na situação foi que os parentes não puderam ser avisados durante cinco horas. Sua foto no local do acidente teve de ser transmitida pela televisão para que ela pudesse ser identificada".

Enquanto isso, os médicos haviam cuidado dela sem saber quem era e sem conhecer histórico médico ou possíveis reações a medicamentos. O caso acabou bem, com Victoria sobrevivendo aos ferimentos e levando corredores de sua cidade a repensar a prática comum de treinar em completo anonimato.

"Pessoas demais correm sem portar identificação", disse Bobenhouse, cuja loja atende mais corredores que qualquer outra no Estado. "Sei que eu mesmo fiz isso durante 20 anos".

Eu também me confesso culpado. Corro há mais tempo que Steve e as únicas vezes em que me identifiquei foram ao usar um número de competição. Tive sorte de nunca ter precisado de mais que isso.

Não desejando remoer a possibilidade de uma lesão ou doença incapacitante durante uma corrida, nunca fizera nada para me preparar para tal, por mais remoto que fosse. Quase sempre corri apenas com meu cachorro, desconhecido para qualquer um que me encontrasse.

O cachorro levava uma identificação, mas eu não (Mingo desapareceu sem sua identificação no último inverno e passou vários dias miseráveis no canil público como *cão nº x* antes que o localizássemos). Imaginem um policial tentando descobrir meu nome, endereço e telefone por intermédio do Controle Animal.

Depois de prometer a Steve Bobenhouse que eu me corrigiria, comecei a correr com uma marca de identificação simples – e possivelmente inadequada. Eu escrevia meu nome e telefone na parte branca e interna da sola de meus tênis. Eu confiava que as autoridades perceberiam aquilo, se um dia precisassem dessas informações.

Essa solução era melhor que nada, mas não tão eficiente quanto poderia ser. Você pode levar uma carteira de habilitação ou um cartão pessoal, ou usar pulseira ou colar de identificação, com informações médicas vitais para o caso de sofrer um acidente em que o atendimento de emergência precise delas imediatamente.

85-7241-641-2

Não quero assustar ninguém, nem a mim mesmo, querendo dizer que um acidente como o de Victoria Place está prestes a acontecer. As probabilidades de que ninguém precise obter sua identidade dessa maneira são imensas. Mas é melhor usar uma identificação e nunca precisar dela do que precisar dela e não a ter.

Lição 17: Conferir a Técnica

Um dia, pare para assistir a uma competição, em vez de correr. Você verá, no desfile dos que passam, algumas coisas que talvez nunca tenha notado quando está no meio da multidão. É provável que você não seja um dos corredores mais velozes, e você verá como é grande a lacuna entre o ritmo deles e aquele que seria o seu ritmo. São ainda maiores as probabilidades de que você note como é diferente a aparência dos corredores mais velozes daquela dos corredores mais parecidos com você.

Não é só o ritmo que separa os dois grupos. Eles diferem ainda mais na aparência. Os corredores mais rápidos deslizam sobre a superfície, tocando-a rápida e silenciosamente a cada passada. Correm orgulhosamente, com as costas retas e olhando para frente. Correr mais rápido praticamente exige que os corredores se mostrem dessa forma.

Um ritmo mais lento não traz tantas exigências e os maus hábitos podem se enraizar. Os corredores mais lentos tendem a golpear o solo, não apenas gastando mais tempo como anunciando sua chegada. Provavelmente corram com as costas curvas e os olhos no chão, como se estivessem um pouco envergonhados de estar ali.

Os corredores mais rápidos nos mostram qual a melhor postura de corrida, em qualquer ritmo. Nós, criaturas mais lentas, naturalmente temos uma passada mais curta e mais baixa, mas ainda podemos nos inspirar naqueles que mostram a melhor postura. Estes não são apenas conselhos sobre como ficar mais bonitos. Correr com leveza sobre o solo, com um bom alinhamento da cabeça aos pés, é mais fácil para o corpo do que uma aterrissagem pesada e desequilibrada milhares de vezes por quilômetro. Confira sua postura com dois testes:

1. Para onde você olha? As costas seguem a cabeça. Se você observar seus pés atingindo o solo, estará encurvado. Mas se erguer os olhos para a linha do horizonte, suas costas se endireitarão naturalmente e você conseguirá um alinhamento mais eficiente. A boa corrida é com as costas retas, uma corrida "alta".
2. O que você ouve? Os pés avisam quão bem você absorve o choque. Se ouvir um bate-arrasta, estará tocando o solo com muita força por não usar totalmente o flexionar do calcanhar e o levantar dos dedos. Quanto menos ouvir as solas dos seus pés, menor a probabilidade

de que o solo o(a) machuque. A boa corrida é com passos "de mola", uma corrida silenciosa.

Seja qual for o ritmo, corra macio, corra alto.

Lição 18: Ladeira Acima, Ladeira Abaixo

David Costill, o renomado fisiologista do esporte, diz: "O terreno com altos e baixos prejudicará significativamente o desempenho de um corredor". Mesmo com uma quantidade igual de subidas e descidas, a corrida em ladeiras ou morros causa um grande desperdício de energia se comparada àquela nas superfícies planas.

85-7241-641-2

Figura 3.2 – A corrida em subidas e descidas exige que você preste atenção à postura, adaptando-a para evitar o estresse excessivo de suas pernas.

Você não precisa de um fisiologista (ou de um poeta como Shakespeare, que escreveu "estas montanhas altas e selvagens e caminhos difíceis e irregulares prolongam as milhas e as tornam cansativas") para lhe dizer o que as subidas e descidas fazem com suas pernas e seu fôlego. As ladeiras elevam as freqüências cardíaca e respiratória, destruindo qualquer utilidade de monitorar tais freqüências como forma de controle do esforço. As ladeiras, na subida e especialmente na descida, também exigem esforço extra de suas pernas.

Quando você correr em ladeiras, dê a elas o respeito que merecem. Elas não se encolhem diante de ninguém, então é você quem vai ter de se adaptar. Como faz isso? Modificando sua postura de corrida. Para correr em subidas e descidas, a postura é muito diferente da exigida em caminhos planos. Ajuste-se para as ladeiras da mesma forma como faria se estivesse pedalando uma bicicleta de dez marchas em terreno com aclives e declives. Você sabe que não pode pedalar a subida toda com a mesma marcha. Em uma bicicleta, tem de trocar a marcha, se esforçar, descer em ponto morto e frear em sintonia com o terreno.

Troque para marchas mais baixas quando estiver na subida. Diminua o comprimento da passada. Incline-se para frente. Tente manter o *esforço* constante a maior parte do tempo, mas não o ritmo. Acelere sem fazer mais esforço quando estiver na descida. Incline-se ligeiramente para frente para tirar vantagem da gravidade, mas mantenha o controle. Não seja orgulhoso demais quando tiver de frear um pouco.

Lição 19: Questão de Estilo

Não existe uma única postura de corrida que seja certa para todo mundo, mas algumas questões de estilo são claramente melhores que outras. Confira seus pontos na Tabela 3.1 e veja se está perto do ideal, depois tente mudar sua postura naqueles pontos em que isso seja possível.

Lição 20: Perigo nas Ruas

Ruas e estradas são lugares convenientes para correr e as chances são de que você correrá muito por elas. Elas oferecem superfícies regulares, à prova d'água. Na cidade, as ruas são iluminadas para as corridas de manhã bem cedo e à tardinha. Em algum momento, todo corredor acaba nas ruas por conveniência e, ao fazê-lo, também enfrenta seus perigos.

Correr com o trânsito é, de longe, o maior perigo que um corredor pode enfrentar. Dê uma olhada nas probabilidades. Um carro pesa mais de dez vezes o seu peso e pode andar 10 vezes mais rápido. Quando o corredor encontra o carro, você sabe quem ganha, não importando de quem seja a culpa pelo acidente.

85-7241-641-2

Tabela 3.1 – Estilos de corrida

Pontos a verificar	Postura ideal
Postura de corrida	Ereta, com o corpo centrado sobre as pernas, não inclinado para frente; as costas confortavelmente retas, não encurvadas; cabeça para cima e olhos para frente, não para baixo
Sola do pé	Aterrissagem com a parte dianteira, não com o calcanhar; passar rapidamente para o calcanhar e subir novamente para decolar nos dedos, não com o tornozelo rígido; joelhos levemente fletidos, não travados
Movimentos dos braços	Mãos soltas, entre a cintura e o peito, nem mais altas, nem mais baixas; cotovelos destravados, não rígidos; mãos frouxamente fechadas, nem apertadas nem abertas; ombros baixos e soltos, não altos e tensos
Expressão	Relaxada e concentrada, não fazendo cara feia, com o queixo duro e os dentes cerrados
Na subida	Inclinado ligeiramente para frente; braços se movem mais que o normal; joelhos e tornozelos mais altos que de costume, mas não *brigando* com a subida; manter o esforço razoavelmente constante, diminuindo um pouco o ritmo
Na descida	Absorver o impacto adicional, mantendo o centro de gravidade baixo e aterrissando com uma flexão exagerada dos joelhos; ligeiramente inclinado para frente para fazer uso da gravidade; não inclinar para trás nem aumentar as passadas

Dezenas de corredores são feridos ou mortos no trânsito todos os anos e, no entanto, os atletas costumam subestimar a gravidade da ameaça. Preocupam-se com a distância e o ritmo e ignoram o perigo mortal que os ultrapassa velozmente a todo instante, a um metro de distância. Reconheça o risco e tome as precauções seguintes quando estiver correndo nas ruas:

1. Sempre dê passagem. As ruas pertencem aos veículos, no mínimo por seu tamanho, sua velocidade e sua quantidade. Não os desafie para ganhar o espaço, porque você perderá a briga.
2. Corra defensivamente e com uma leve paranóia. Assuma que todos os motoristas saíram de casa para pegar você e não lhes dê chance.
3. Fique alerta. Os corredores tendem a sonhar acordados pelo caminho, mas você não pode se dar a esse luxo em uma rua movimentada. Mantenha a cabeça erguida e os olhos na rua. Considere a possibilidade de deixar seu *discman* em casa para poder ouvir o que está se aproximando por trás.
4. Fique visível, especialmente quando estiver correndo no escuro. Use roupas de cores vivas, durante o dia e itens que reflitam a luz, à noite.
5. Olhe o que vem vindo. Use uma viseira ou boné no escuro para proteger a visão dos faróis que o podem cegar (os motoristas raramente diminuem os faróis para os corredores que vêm em sua direção.)

85-7241-641-2

85-7241-641-2

6. Tome o maior cuidado ao nascer e ao pôr-do-sol. Vários fatores fazem com que estes sejam os horários mais perigosos: o trânsito da hora do *rush*, transeuntes sonolentos ou exaustos e o brilho do sol baixo no horizonte nos olhos dos motoristas ou corredores.
7. Corra pela esquerda, de frente para o tráfego – exceto quando esse lado da rua oferecer pouco espaço para correr e a direita lhe pareça mais segura. Em ruas estreitas de pouco trânsito, o melhor poderá ser correr pelo meio. Assim, poderá passar rapidamente para um ou outro lado da rua.
8. Não esqueça as bicicletas e motocicletas. Elas andam quase tão rápido quanto os carros, são menos visíveis e podem causar grandes danos – tanto para você, quanto para si mesmas.
9. Não provoque motoristas ao invadir as pistas, fechando-os abruptamente, ou dando socos em seus carros quando chegarem muito perto. Você nunca sabe quando um psicopata está ao volante.
10. Denuncie incidentes graves. Anote o número da placa se um motorista jogar o carro intencionalmente sobre você para forçá-lo a sair da rua, ou se um passageiro atirar algum objeto em sua cabeça. Corredores já processaram pessoas por *ataque com objeto mortal* e venceram.

Lição 21: Ataques Pessoais

Os homens normalmente podem correr sozinhos e sem medo, praticamente em qualquer lugar e a qualquer hora do dia, ao passo que uma mulher sozinha não pode ir ao mesmo lugar sem correr o risco de ouvir gracejos ou ser ameaçada por riscos muito mais sérios. Homens sofrem ataques ocasionais. De vez em quando surge uma história, nas revistas especializadas em corrida, sobre um homem sozinho sendo atacado por jovens arruaceiros sem nada melhor para fazer que espancar um corredor indefeso. No entanto, um homem correndo provavelmente esteja mais seguro do que estaria se atravessasse, andando devagar, o mesmo bairro. Uma explosão de velocidade geralmente deixa os encrenqueiros para trás.

A maioria dos agressores escolhe uma mulher como alvo de abuso verbal e até mesmo físico. Esses incidentes, infelizmente, são comuns e suas conseqüências podem ser bastante sérias. Um clube feminino de corrida de Washington, DC, apresentou estatísticas chocantes sobre o número de ameaças e ataques contra suas participantes. Das 99 mulheres entrevistadas, 41 relataram um ou mais incidentes. A maioria verbal, porém mais de 25% envolvendo mulheres perseguidas ou agarradas.

Esse estudo listou as áreas de corrida por ordem de segurança ou risco para as mulheres. As vizinhanças responderam por 16% dos incidentes (embora a maioria dos dados tenha sido colhida ali), enquanto 25% aconteceram em pistas de ciclismo e 27% em parques afastados (onde menos se corria).

As mulheres reagem de várias maneiras. Correm com um parceiro ou parceira, ou um grupo, ou levam armas como *sprays* químicos. Mas talvez a melhor solução seja correr com um cão de grande porte. O cão se exercita e elas se sentem mais seguras.

"Não ouvi um único comentário de um homem desde que passei a correr com meu doberman pinscher", conta uma mulher que vinha sendo incomodada com freqüência. "O principal fator a favor dos cães como companheiros de corrida é que eles correm no seu tempo e à sua conveniência, em seu ritmo e sua distância, sem esperar que você mantenha um diálogo amistoso".

Lição 22: Parceiros de Corrida

"A solidão do corredor de longas distâncias" é uma frase que vem se mantendo como clichê desde que Allan Sillitoe escreveu um romance curto e, depois, uma peça de teatro com esse nome, na década de 1960. Era uma história de ficção, assim como a aplicação da palavra *solitário* para os corredores de longa distância.

Não fique com pena do corredor solitário. A solidão não é um fator negativo, nem um mal necessário da atividade. Muitos corredores *preferem* treinar sozinhos. Esta pode ser a única chance do dia de fugir das multidões que os cercam e das vozes que ouvem em casa, no trabalho ou na escola. A solidão é de iniciativa própria.

No entanto, um corredor que deseje uma atividade mais sociável pode se juntar a uma ativa equipe de apoio. Esse é um dos esportes mais amistosos que há – talvez porque haja pouca competição entre indivíduos ou porque o ato de correr em si quebra barreiras de comunicação. Corredores veteranos lhe dirão, em tom meio sério, que a corrida desenvolve um grupo de músculos mais que qualquer outro – os que fazem a boca trabalhar. Esses mesmos músculos também são os últimos a fatigar.

O que todo corredor mais gosta é de falar sobre si, de modo que você pode começar instantaneamente uma conversa com um estranho ao perguntar, "como vai indo seu treino?" A pergunta mais elogiosa que se pode fazer a um corredor é: "Você pode me dar alguns conselhos?" Não tenha medo de perguntar. Mas esteja preparado para respostas longas.

85-7241-641-2

CAPÍTULO

4

Manter-se Saudável

Previna e cuide de males que possam interromper seu programa de treino.

Lição 23: Visão Geral da Saúde

Os governos não exigem advertências escritas nos livros de corridas e nas caixas de tênis dizendo "Correr pode ser prejudicial para a saúde". Mas esta atividade que, indubitavelmente, faz bem à saúde de muitas maneiras, de outras traz alguns riscos.

Os corredores não costumam sofrer as graves lesões traumáticas que sofre, por exemplo, um esquiador que bate em uma rocha, um atacante que se choca com um zagueiro ou um boxeador que leva um soco de seu adversário no rosto. As lesões de corrida em geral são menos graves em comparação com outras como lesões nos ossos ou tecidos moles, que não interferem na rotina diária, mas ainda assim atrapalham o treino. Esta é a definição que um corredor faz de uma lesão: qualquer coisa grave o bastante para retardar ou interromper o treino. Por esse parâmetro, a maior parte dos corredores regulares pode esperar sofrer uma lesão algum dia.

Acidentes acontecem. Talvez você não veja um buraco na rua e acabe torcendo o tornozelo. Mas a maioria das lesões de corrida não é acidental. Esta é uma maneira delicada de dizer que cometemos erros em nossos treinos e competições que, por sua vez, é outra maneira de dizer que os problemas dos corredores são, quase todos, auto-infligidos. Não podemos culpar o destino ou outras pessoas, somente nós mesmos. As lesões são

85-7241-641-2

um preço que pagamos por correr distâncias muito grandes, rápido demais e com freqüência excessiva (outro preço é sermos derrubados por doenças relacionadas ao estresse, como resfriados ou gripes). É o lembrete da natureza para ir mais devagar em algum aspecto.

Em meio a essa deprimente constatação dos fatores de risco, podemos encontrar duas boas novas:

- Como esses males só ocorrem por razões previsíveis, costumam ser fáceis de tratar. Encontre a causa, corrija-a e, provavelmente, haverá alívio. Faça a correção de modo permanente e a condição dificilmente voltará.
- Como as lesões de corrida são pouco graves, pelo menos quando tratadas logo, pouquíssimas necessitam de intervenção médica ou se tornam distúrbios a longo prazo. Mesmo assim, um pequeno número de acidentes força corredores a se tornarem ex-corredores.

Lição 24: Quando nos Machucamos

Uma lesão de corrida não costuma determinar conseqüências súbitas e devastadoras, como uma fratura composta da perna. Esses problemas são mais como uma erosão lenta e estável que desgasta o corpo. A dor física provocada por lesões de corrida raramente é intensa, doendo menos que uma dor de cabeça ou de dente, se chegar a tanto. Entretanto, um ponto dolorido do tamanho de uma impressão digital pode ser debilitante quando você coloca três vezes o peso de seu corpo sobre ele – o que é a força média de uma passada de corrida.

Pesquisas sobre lesões de corrida relatam os seguintes fatos:

- O ponto mais frágil dos corredores é o joelho. Cerca de um em cada cinco corredores lesados tem um problema no joelho.
- Quase o mesmo número de corredores sofre uma ruptura no tendão de Aquiles, a pequena faixa de tecido que liga o osso do calcanhar aos músculos da panturrilha.
- Cerca de 10% sofrem problemas na parte dianteira da perna, entre o joelho e o pé, que variam de tendinite a fraturas por estresse.
- Distensões e fraturas por estresse na parte dianteira do pé, fortes dores no calcanhar e lesões no arco plantar correspondem, cada uma, a uma parcela significativa das lesões, embora menos de 10% dos corredores sofra qualquer uma delas.

Aqui não há espaço suficiente para diagnosticar e tratar cada lesão. É melhor falarmos por que estas lesões ocorrem, na esperança de reduzir seu alto índice. As lesões ocorrem por quatro razões principais:

1. Trabalho excessivo: treino e competição demais para os pés e as pernas, fazendo com que o elo mais frágil se rompa.

85-7241-641-2

2. Equipamento defeituoso: geralmente se resume a tênis inadequados para seu propósito ou usados além de sua vida útil.
3. Fraqueza ou inflexibilidade: músculos que estão tão especializados que a menor mudança inesperada (súbito aumento de velocidade, corrida em terreno irregular ou em subidas) lhes causa estresse.
4. Problemas mecânicos: defeitos na postura de corrida ou na maneira como os pés atingem o solo (o que pode ser corrigido com a inserção de um acessório especialmente fabricada para os tênis).

Enquanto trata os sintomas da lesão, você também deve investigar as causas. Procure ajustes para as cargas de treino, tênis de boa fabricação e boa manutenção, exercícios suplementares de força e alongamento e ajustes mecânicos para obter curas permanentes.

Lição 25: Quando Adoecemos

Correr pode deixar você doente, mas também pode funcionar como medicina preventiva ou auxílio em um tratamento. Tudo depende de como você usa a corrida ou abusa dela. Os corredores podem aumentar a resistência contra certas doenças, ou acabar com essa resistência. Você está constantemente exposto, por exemplo, aos vírus que causam resfriados e gripes. No entanto, essas doenças só vêm à tona depois que o estresse corrompeu as defesas naturais do corpo.

As evidências obtidas em vários estudos científicos indicam que os corredores em geral pegam menos gripes que os não-corredores. Isso pode ter relação com uma temperatura corporal mais alta que pode destruir alguns dos vírus. Os corredores também notam que a congestão causada pelo resfriado se resolve mais rapidamente se eles correrem durante os estágios finais do resfriado.

No entanto, a corrida intensa e constante durante os sintomas iniciais pode transformar um leve resfriado num resfriado terrível e provocar efeitos colaterais, como um persistente caso de bronquite. Pegar um resfriado significa que você já andou treinando em excesso. Não aumente o problema.

George Sheehan, antigo e legendário colunista médico da revista *Runner's World*, passava boa parte de cada dia dando conselhos a corredores doentes. Aqui está um resumo de seus conselhos para tratar as duas doenças mais comuns:

85-7241-641-2

- Resfriados. "Trato-os com respeito. Na minha opinião eles representam um colapso do sistema de defesa. O resfriado é um sintoma inicial do aviso de exaustão". Sheehan aconselhava a seguir os avisos do corpo e diminuir o ritmo do treino, ou até interrompê-lo, durante os primeiros três dias do resfriado, "depois recomeçar em ritmo lento por distâncias relativamente curtas. Entretanto, não espere até que todos os sintomas desapareçam". Comece a correr para limpar os restos deixados pelo resfriado.

- Gripe. O sintoma mais preocupante da gripe é a febre. "Não corra com febre!", avisava o dr. Sheehan. "Depois disso, como regra geral, treine dois dias em ritmo fácil para cada dia de febre. Uma semana de febre e sintomas, portanto, pediriam duas semanas adicionais para a recuperação. Corridas exaustivas devem ser evitadas durante esse período, ou existe uma boa possibilidade de recaída". Sheehan acrescentava, "quando você voltar a correr, é difícil saber se a fadiga é física ou psicológica. Para isso, porém, há um teste simples. Comece suas

85-7241-641-2

Figura 4.1 – Quando se sentir doente, vá devagar. Preste atenção ao que o corpo está lhe dizendo.

corridas bem devagar até que comece a transpirar. Isso geralmente leva cerca de seis minutos. Neste ponto, você deverá sentir vontade de correr – não importando como você se sentia quando começou. Se não sentir vontade, e cinco minutos depois continuar sem vontade, pare o treino nesse dia". A exaustão é o denominador comum nessas doenças e evitá-la é o melhor remédio.

Comentário de Corrida: A Milha-teste

85-7241-641-2

Não estou sugerindo que todos os quenianos correm o tempo todo da maneira que vou descrever. Mas um deles, Cosmas Ndeti, me mostrou esse jeito em um momento no qual eu precisava muito de orientação. O *New York Times* trouxe um perfil dele em 1995, no qual se lia: "Ele corre de acordo com a maneira como se sente a cada manhã e não de acordo com alguma rígida programação. Sabe-se que já houve dias em que ele acordou, correu um quilômetro, depois voltou para a cama".

Naquela época, eu me arrastava em razão de uma das minhas freqüentes crises de tendinite no tendão de Aquiles. Ela estava comigo há semanas sem melhoras, enquanto eu tentava cumprir a agenda preestabelecida de corridas "fáceis" de meia hora, que ainda eram muito difíceis para meu calcanhar.

Com a deixa de Ndeti, passei a escutar mais atentamente o que meu tendão de Aquiles me dizia a cada manhã. Como meu idioma principal é em milhas e não em quilômetros, eu corria uma única milha (1,6km) e depois decidia o que, e se, faria em seguida. A lesão no tendão me limitou àquela milha no princípio. Mas logo o tendão passou a anunciar que estava começando a sarar rapidamente com esse tratamento gentil. Em poucas semanas eu estava pronto para uma meia-maratona – uma competição lenta, com certeza, mas sem dores.

Assim que me curei completamente, porém, voltei para a velha rotina de antes. Esqueci aquele truque terapêutico e retomei uma programação rígida – sempre uma corrida de meia hora nos dias fáceis. Como era de se esperar, a dor voltou.

Agora, ressuscitei aquele plano para fazer com que os dias fáceis sejam ainda mais fáceis: correr uma milha (ou 10min contados no relógio, se você for um corredor que marca o tempo, como eu), depois decidir se continuo ou volto para casa. Se os sinais ou o problema surgirem ou não desaparecerem, e especialmente se ficarem mais fortes, abra mão de uma milha, ou das milhas extras. Pare mais cedo naquele dia e tente novamente no dia seguinte. Continue apenas enquanto a corrida for fácil e sem dor, o que pode ser apenas uma milha, ou uma hora, por dia.

Por que, você poderia perguntar, se dar ao trabalho de correr até mesmo essa milha? Por que não decidir se vai ou não correr antes de se vestir e sair? A resposta está ligada a ouvir o que seu corpo diz. Todos os especialistas o aconselham a fazer isso, mas raramente dizem *quando* você deve escutar mais atentamente. Antes de correr não é o momento certo. Esse é o momento em que o corpo conta as maiores mentiras – tentando convencê-lo de que se sente melhor ou pior do que na verdade se sente.

Algumas vezes, as lesões de corrida hibernam entre treinos. Você diz a si mesmo, quando começa, que está bem, tenta correr como planejou, treina em excesso, a dor sai de seu esconderijo e você sofre um atraso em sua recuperação por não ter parado cedo o bastante.

É igualmente freqüente, contudo, que o problema traga a sensação de estar pior quando você não está correndo. Antes de começar, você pensa que está doendo e que precisa de outro dia de descanso. Um aquecimento pode tirar a rigidez e a sensação dolorosa.

A milha-teste funciona como um soro da verdade. Ela lhe diz com sinceridade o que você consegue fazer naquele dia. Escute.

Lição 26: O Caminho da Recuperação

Você foi derrubado por uma lesão. O que fazer agora? Sejam quais forem as especificações de seu mal, existe um caminho de volta para a saúde que permite que você se cure e ainda se mantenha relativamente ativo. Se você não puder correr com freqüência, alterne corridas e caminhadas. Se correr

Tabela 4.1 – Caminho de volta

Se você sentir que...	Tente essa atividade...
Andar é doloroso, correr é impossível	Ande de bicicleta ou nade durante os períodos em que habitualmente corre. Essas atividades retiram quase totalmente a pressão dos membros lesados, enquanto promovem um treino regular. Fazem com que você sinta ainda ter algum controle sobre sua vida física
Andar é relativamente indolor, correr ainda dói	Comece a andar assim que puder ir em frente sem mancar. Continue, contanto que a dor não se torne intolerável. (essas limitações aplicam-se a todos os estágios de recuperação)
Andar é fácil, correr ainda dói	À medida que for ficando fácil demais andar, acrescente intervalos de corrida fácil – bem pouco a princípio, até um minuto em cada cinco, depois comece lentamente a aumentar a quantidade de corridas até chegar ao estágio seguinte
Correr melhora a dor, mas persiste um leve desconforto	A balança pende a favor da corrida intercalada por caminhadas. Insira breves caminhadas nesse estágio em que você ainda não pode tolerar pressão constante
Toda a dor e a sensibilidade se foram, viva!	Volte a correr, mas faça isso com cautela durante algum tempo, enquanto recupera o condicionamento perdido. Corra um pouco mais devagar que o normal, sem esforços mais longos ou intensos, até que possa lidar confortavelmente com as corridas curtas e lentas

for totalmente impossível, apenas caminhe. Ou, se caminhar doer demais, ande de bicicleta ou nade. Escolha seu nível de atividade de acordo com a gravidade dos sintomas listados na Tabela 4.1.

Lição 27: Níveis de Estresse

O corpo e a mente humanos criam uma sinfonia. Alguns dos instrumentos individuais retumbam, outros sussurram. Juntos, formam melodias, harmonias e ritmos. Quando as partes individuais se mesclam como devem, você não as ouve como elementos separados. Você ouve a música inteira e é maravilhoso. Mas um único instrumento desafinado pode destruir a música e fazer com que você tenha dolorosa consciência da discórdia.

Estresses são normais e parte natural da vida e você não pode escapar deles – só pode trabalhar com eles. Os estresses vêm de muitas direções e em várias combinações. O corredor não se move no vácuo. O ato de correr é apenas um dos muitos estresses que agem sobre um corredor. Pelo menos sete grupos de estresses se combinam para produzir um único resultado: o esgotamento das reservas de adaptação. Aqui estão os principais estresses e exemplos de cada um:

1. Trabalho: estresses específicos da corrida e estresses gerais do trabalho físico e mental do dia.
2. Emocional: ansiedade, depressão, raiva.
3. Social: isolamento, locais superlotados.
4. Dieta: alimento em excesso, insuficiente ou do tipo errado.
5. Descanso: recuperação inadequada de trabalho pesado, privação do sono.
6. Saúde: lesões, doenças, infecções.
7. Ambiental: calor e frio, altitude, poluição do ar.

Incorporamos esses estresses ao ritmo da vida. Eles apenas se tornam agressivos e prejudiciais quando os recebemos em quantidades excessivas por períodos muito longos. É então que as notas desafinadas se fazem ouvir. Os sinais e sintomas do estresse excessivo são fáceis de detectar (ver Lição 29). Se forem detectados logo e analisados corretamente, podem ser reduzidos antes que causem danos graves. Mas se a carga total de estresse continuar alta, pode levar você ao colapso físico ou psicológico.

Pense em si mesmo como uma corda de violino. Como a corda, você tem uma grande capacidade criativa. Mas esse potencial é desperdiçado quando fica largado e sem uso. Só quando você for esticado estará desempenhando seu papel. No entanto, pode ser que você seja esticado demais. Quando as pressões puxam você com muita força, uma para cada lado, *plec!*

85-7241-641-2

Figura 4.2 – Quando estiver se recuperando de uma lesão, permita-se um ritmo mais fácil.

Sua tarefa como corredor é encontrar um ponto de equilíbrio, um nível de atividade que expresse seu talento ao mesmo tempo em que mantenha flexibilidade de reserva. Quando surgirem emergências – reais ou artificiais, na forma de treino pesado e competições – você deverá ser capaz de enfrentá-las esticando mais um pouco e não rompendo a corda.

85-7241-641-2

Lição 28: Medicina Preventiva

O fisiologista canadense Hans Selye nunca foi um corredor sério, mas mesmo assim elaborou uma base para o moderno treinamento de corrida com sua teoria da síndrome de adaptação geral (SAG). Selye disse que o estresse "é de compreensão bem simples. É essencialmente o uso e desgaste no corpo causado pela vida em qualquer momento".

Uma pessoa exposta ao estresse (correr é um estresse dentre os muitos anotados na lista anterior) constrói defesas para compensá-lo. O corpo tem um reservatório de energia adaptável para lidar com a labuta do dia-a-dia, mais uma reserva extra para as emergências. Se o estresse for aplicado em doses pequenas e regulares, o corpo se adapta a ele, tornando-se mais forte. Mas se as doses forem muito grandes e prolongadas, o corpo não consegue arcar com a situação. As reservas são esgotadas e a pessoa entra na fase de exaustão da síndrome, tornando-se altamente suscetível a colapsos.

85-7241-641-2

É nesse ponto que as notas dissonantes afloram: súbitas quedas no desempenho, perdas drásticas de peso, pulso rápido, fadiga que se arrasta de um dia para o seguinte, resfriados ou febre, ansiedade ou irritabilidade, dores. De acordo com Selye, a energia de adaptação assemelha-se a um tipo especial de conta bancária, que podemos usar para fazer saques, mas não podemos fazer depósitos no valor total do que retiramos. Não podemos continuar sacando dessa conta de estresse indefinidamente sem pagar uma penalidade em forma de reservas diminuídas.

Então, como essa teoria pode ser usada na prática para que o corredor evite o estresse? De nenhum jeito. Se você for melhorar sua corrida, deverá cortejar um tipo específico de estresse. O truque do treino é correr o bastante para melhorar, mas não tanto a ponto de se desgastar. Esse mesmo exercício pode ser útil ou danoso, dependendo do modo como você decidir aplicá-lo. A arte do treino é determinar qual é a quantidade exata.

Selye concluiu: "A meta certamente não é evitar o estresse. O estresse é parte da vida. É um derivado natural de atividades em que se dá tudo de si. Mas, para poder se expressar totalmente, você precisa encontrar seu nível ótimo de estresse... Não é fácil. Requer muita prática e autoanálise constante".

Lição 29: Sinais de Alerta

Os sinais do sucesso e do fracasso na adaptação são facilmente identificáveis. Melhora no desempenho acompanhada por ausência de dor ao correr significa que você está bem adaptado a esse estresse. Entretanto, quando você se aproxima do estado de exaustão, seu corpo e sua mente enviam sinais de perigo. Entre eles, dores e rigidez persistentes, nervosismo e muitos outros.

Essa variedade de sinais nos avisa quando estamos desafinados. É um corredor sábio aquele que desenvolve um ouvido sensível para os sinais do corpo. Ao interpretar esses sinais, ele ou ela podem ir longe e acabar com os problemas na origem.

Não é freqüente que os danos aconteçam a esmo, sem uma explicação óbvia. Males atléticos não são punições dos deuses irados, mas resultados previsíveis do excesso de treino e da falta de atenção aos claros sinais de alerta.

Em 1966, Tom Osler publicou a melhor obra de literatura, página por página, da história da corrida. Seu panfleto de 32 páginas, *The Conditioning of Distance Runners* (Condicionamento dos corredores de longa distância), reuniu mais dicas úteis que livros publicados posteriormente com dez vezes o seu tamanho. Osler listou uma série de sinais menores e precoces de alerta que, se ouvidos, poderiam prevenir a maioria das lesões mais sérias e doenças que afetam corredores. Esses sintomas físicos e mentais de estresse excessivo lhe dizem que é hora de pisar no freio e diminuir os esforços até que o caminho esteja livre.

A lista dos 10 sinais mais certos de estresse em excesso foi adaptada da lista original de Osler. Trate cada um desses sinais como um aviso amigável de que você pode estar correndo em direção a um acidente.

1. Pulso em repouso significativamente mais alto que o normal quando tomado de manhã antes de levantar da cama.
2. Dificuldade para pegar no sono e para se manter dormindo.
3. Dores na boca e ao redor da boca e outras erupções cutâneas em não adolescentes.
4. Qualquer sintoma de resfriando ou gripe – nariz congestionado, garganta dolorida ou febre.
5. Glândulas inchadas e sensíveis no pescoço, na virilha ou nas axilas – sinal certeiro de que o corpo está combatendo uma infecção.
6. Respiração difícil mesmo na mais fácil das corridas diárias.
7. Tontura ou náusea antes, durante ou depois da corrida.
8. Gestos desajeitados – por exemplo, tropeçar ou chutar a si mesmo durante uma corrida em solo pouco acidentado.
9. Qualquer dor em músculo ou tendão, ou rigidez que perdure depois dos primeiros minutos de uma corrida.
10. Não se sentir ansioso pela corrida nem ter a sensação de trabalho cumprido depois, ao mesmo tempo que o medo e a depressão se tornam as emoções dominantes.

85-7241-641-2

CAPÍTULO

5

Alimentação Adequada

Aprenda quais alimentos, bebidas e suplementos mais contribuem para sua boa forma na corrida.

Lição 30: Visão Geral da Dieta

Ninguém discute a premissa de que se alimentar corretamente é fundamental para a boa saúde. A discussão gira em torno do que é "correto". As opiniões nutricionais são tão divergentes que você fica sem saber o que pensar. Você não pode acreditar em tudo o que lê a respeito, porque conflito e confusão pontuam o cenário da literatura sobre o assunto.

Nossa discussão não tem a intenção de resumir em poucas páginas um tópico que preenche estantes inteiras. O plano aqui é cortar o caminho entre os campos de batalha nutricionais e encontrar áreas de consenso sobre o que funciona melhor para corredores.

Com certeza, é preciso alimentar-se bem. Mas não pense que irá melhorar a corrida simplesmente melhorando a dieta. Nenhuma mágica entra pela boca. Na melhor das hipóteses, a nutrição tem um efeito indireto sobre seu condicionamento. Melhores hábitos de alimentação e bebida promovem melhor saúde, o que abre caminho para treinos melhores, e só então você correrá melhor.

Você pode fazer um grande favor à sua corrida ao retirar algum item da dieta, em vez de acrescentar um novo. Ao invés de procurar poções e comprimidos milagrosos, coma menos no total e perca um pouco de peso,

85-7241-641-2

diminua as gorduras, os açúcares simples e o álcool. Identifique e elimine itens que causem reações de intolerância. Tente correr com o estômago vazio, ou quase, em vez de treinar ou competir logo depois de uma refeição.

No que diz respeito a acrescentar itens, os preferíveis para os corredores são os ricos em carboidratos complexos. A ingestão de carboidratos tem um bom histórico em ajudar corredores antes de maratonas e agora a prática encontrou novos argumentos – reposição das energias depois de competições e treinos pesados e prolongamento das reservas de energia, comendo durante uma corrida. Em outras palavras, esse tipo de alimentos tem bom sabor e faz bem a maior parte do tempo.

As bebidas também fazem bem ao corpo em praticamente qualquer momento. A bebida que mais faz bem é a mais simples: água.

Lição 31: Seus Desejos

Durante muitos anos depois de ter deslanchado em suas carreiras como corredor e médico esportivo na década de 1960, o dr. George Sheehan deu pouco destaque, em seus artigos e palestras, aos assuntos dietéticos. Mas seus leitores e ouvintes não deixavam o assunto em paz. Então ele começou a pensar e a escrever mais sobre isso. Em seu trabalho mais recente, ele traz uma reconfortante mistura de crença e ceticismo em relação ao assunto, quase sempre tratado com dogmas.

85-7241-641-2

Por exemplo, açúcares e gorduras, por abuso de consumo, ganharam má fama nas comunidades médicas, odontológicas, nutricionais e de condicionamento físico. Sheehan era mais benevolente com essas substâncias que muitos de seus colegas, que costumam fazer com que açúcar e gordura sejam vistos como venenos. Enquanto Sheehan, o médico, preferia que as necessidades de carboidrato fossem preenchidas principalmente com fontes mais naturais e complexas, Sheehan, o atleta, conhecia os apetites de uma pessoa em treinamento.

"Aparentemente, esta é a dieta que o instinto dos corredores diz ser a melhor. À medida que aumenta o número de milhas percorridas, aumenta também a necessidade que eles têm de *junk food,* que oferece energia rápida", ele disse. "O exercício vigoroso afeta o 'apestato'. Este é o instinto (apetência) que nos diz o que, quando e quanto comer. Esse sistema, parecido com o do termostato, se cala quando andamos muito sedentários, mas o exercício faz com se mantenha funcionando". Nossos desejos de açúcar e massas sinalizam que o "apestato" está funcionando.

Sheehan listou suas duas principais regras dietéticas: "Primeiro, devo carregar o mínimo possível em peso. Segundo, devo ter o máximo possível de energia disponível. É preciso conseguir o primeiro sem perder força e, o segundo, sem ganhar peso". Esta seria uma tarefa difícil se não fosse o "apestato" automático nos dizendo o que, quando e quanto comer.

A gordura é retratada, há muito tempo, como a inimiga do condicionamento. Isso foi aceito como verdade tanto para a gordura que se acumula no corpo, quanto para a gordura ingerida com a comida. Assim, os que se exercitam tendem para a leveza naquilo que comem e naquilo que carregam. Às vezes, tendem excessivamente.

Sheehan é a favor da leveza, mas alertou contra a magreza excessiva. Ele relatou um estudo sobre bailarinas que treinavam de 6 a 8h por dia – muito mais que um corredor treinaria. O índice de lesões em ossos, músculos e tendões era alto. Os pesquisadores descobriram que as bailarinas que mais tendiam a se lesar eram aquelas cujas dietas ficavam abaixo de 2.000 calorias por dia. As mais saudáveis eram as que comiam o que sua apetência pedia.

O corpo em exercício exige fontes primárias de energia – um monte de carboidratos e quantidades pequenas, porém regulares, de gordura. Esses tipos de alimento são exatamente os que um *dietista* tenta eliminar primeiro, como sendo os que *engordam demais* e são os primeiros a fazer falta.

Lição 32: Alimentação Errada

Os corredores trabalham sob estresses e esforços físicos e, às vezes, emocionais. Essa situação temporariamente estressante faz com que sejam particularmente suscetíveis a irregularidades relacionadas à dieta que, talvez, não afetem pessoas que trabalham em atividades menos intensas. Há duas causas principais para estresses internos:

- **Comer demais, muito tarde, antes de correr**. Corremos melhor com o estômago vazio, ou quase vazio. Arthur Lydiard, o famoso técnico da Nova Zelândia, observou que corredores raramente sofrem colapso por desnutrição durante uma corrida. Eles têm problemas opostos – dobram-se de dores laterais chamadas pontadas, fazem paradas estratégicas ao longo do percurso (poucos corredores queixam-se de irregularidade) ou, simplesmente, têm uma sensação desagradável de estar inchados e cheios de líquido. Faça uma refeição leve, se é que precisa se alimentar, nas últimas horas antes de uma corrida. Seu corpo tem uma reserva abundante de energia para sustentá-lo por todo o caminho.
- **Comer a coisa errada, na hora errada**. Alguns de nós não toleram certos grupos alimentares e podem reagir violentamente a eles – em especial durante períodos de estresse. Surpreendentemente, os dois principais culpados podem ser dois dos mais básicos: leite e pão. Sheehan disse que um grande número dos pedidos de ajuda que recebe vem de corredores que não toleram muito bem produtos à base de leite e pão. Ele identificou outros alimentos suspeitos de ser alta-

85-7241-641-2

mente alergênicos (para citar dois, chocolate e frutos do mar) e fibras excessivas (frutas e vegetais crus, grãos integrais). Mesmo que você não tenha alguma intolerância específica, seria melhor evitar tais itens – assim como qualquer coisa com alto teor de gordura, cuja digestão é lenta – na última refeição antes de correr, principalmente antes de uma competição.

Existe uma regra básica nessas duas áreas: erre pela falta e não pelo excesso. E quando estiver em dúvida sobre comer ou não alguma coisa, *não coma.*

85-7241-641-2

Figura 5.1 – Além de correr para melhorar a saúde, você deve comer boa variedade de alimentos saudáveis.

Lição 33: De Olho no Peso

Os nutricionistas dizem que você deve encontrar o peso adequado e mantê-lo. Mas chegar ao número ideal, tanto para detectá-lo quanto para atingi-lo, não é tão fácil quanto parece. Um método é trabalhar em longo processo de tentativa e erro, mensurando o peso em relação ao desempenho. Outro modo é consultando uma tabela padrão de peso, que quase sempre permite que você pese mais do que precisa. Um outro jeito, e o melhor, é medir sua porcentagem de gordura corporal. Essa é a medida mais precisa da composição corporal ideal (os níveis ideais são de 12 a 15% para homens e 18 a 22% para mulheres), mas é uma técnica não facilmente disponível para todos nós.

Então, ficamos com algumas regras gerais que, *grosso modo*, se aplicam à maioria das pessoas mas não consideram as grandes diferenças em constituição física. Uma dessas estimativas é do médico Irwin Maxwell Stillman, autor de uma série de livros sobre dietas. Nessa fórmula, os homens começam de uma base de 110 libras (49,50kg), depois acrescentam 5,5 libras (2,50kg) para cada polegada (2,5cm) de altura acima de cinco pés (1,52m). Um homem com seis pés (1,82m) de altura, por exemplo, acrescenta 66 libras (29,70kg) para um peso-alvo de 176 libras (79,10kg) (no sistema métrico, a fórmula começa com 50kg para 1,60m e acrescenta cerca de um quilo para cada centímetro adicional).

85-7241-641-2

As mulheres começam com 100 libras (45,30kg) na fórmula Stillman. Elas acrescentam 5 libras (2,20kg) para cada polegada (2,5cm) acima dos cinco pés (1,52m) de altura. Uma mulher com cinco pés (1,52m), portanto, pode pesar 125 libras (56kg) (no sistema métrico, o número inicial é 45kg para 1,60m, com a adição de cerca de 0,8kg para cada centímetro a mais).

Stillman acrescentou: "Se você é um atleta (homem ou mulher), é melhor pesar cerca de cinco libras (2,20kg) a menos que o peso ideal que citei".

Correr queima calorias, claro, mas não tão rápido quanto você possa imaginar. A média geralmente citada é de 100 calorias por milha (1,6km). Dessa forma, você precisa correr 10 milhas (16km) ou mais para se livrar daquele *milkshake* que tomou ontem à noite. Você precisa correr 35 milhas para perder uma única libra (ou cerca de 120km para perder 1kg) – e isso assumindo que não coma mais nada nesse tempo.

Se você planeja perder peso correndo, precisa aceitar o fato de que o perderá gradualmente. Suponha que esteja correndo duas ou três milhas (3 a 5km), três ou quatro dias por semana, enquanto mantém ingestão constante. Esse esforço equivale a cerca de 1.000 calorias por semana, de modo que você pode planejar perder uma libra (0,4kg) a cada 3 semanas. Em um ano, isso pode resultar em significativas 15 libras (quase 7kg). Com limitações dietéticas, esse tempo pode ser reduzido.

Mas preste atenção a este aviso: resista à tentação de esquemas de perda rápida de peso. Eles geralmente envolvem perdas artificiais de peso, com perda de água, e com elas vêm as quedas de energia. Os primeiros itens que você corta ao fazer uma dieta são os alimentos ricos em carboidratos, como grãos, batatas e açúcares – os mesmos de que precisa para sustentar a corrida. A transpiração excessiva causada pela corrida com roupas pesadas pode acarretar perda rápida de peso, mas esse peso não será perdido para sempre. Pense em redução de peso como um projeto a longo prazo, que será permanente quando acabar.

Comentário de Corrida: Comprimidos para seus Males

85-7241-641-2

Minha primeira refeição do dia inclui um comprimido multivitamínico. Não acredito integralmente nos benefícios deste único comprimido, mas tomo de qualquer forma, por via das dúvidas. Normalmente, não engulo nenhum outro suplemento durante o dia, o que faz de mim alguém um tanto conservador entre os corredores.

Raro é o corredor que acredita que a dieta norte-americana normal preencha todas as necessidades nutricionais. Uma sólida indústria atende os atletas que estão convencidos de que podem melhorar a saúde e o condicionamento com comprimidos e poções. Eles acreditam que sempre é necessário engolir alguma coisa para qualquer mal que os aflija – de dores de cabeça e distúrbios estomacais a fadiga física e apatia mental. Para os corredores, os suplementos se classificam em cinco categorias, de alimentos especiais a drogas sérias:

1. **Alimentos.** Barras de cereais, géis e bebidas prometem aumentar a energia e melhorar a recuperação. Os corredores consomem produtos como *PowerBars, GU Gel* e *Gatorade* antes, durante e depois de suas longas sessões de treino e competições. Acordam com cafeína em uma de suas formas líquidas.
2. **Ervas.** O *ginseng* é comercializado com produto que melhora o desempenho e é o ingrediente principal do popular suplemento *Endurox*. Equinácea e outros produtos herbais têm a reputação de proteger contra infecções virais. A erva-de-são-joão supostamente melhora o humor e consta que *ginkgo biloba* deixa a mente mais aguçada.
3. **Vitaminas, minerais, etc.** O dr. Kenneth Cooper, um dos fundadores da corrida para manter a forma, exorta todos os praticantes de exercícios a tomarem uma combinação de antioxidantes – vitaminas C e E, mais betacaroteno. Acredita-se que corredores do sexo feminino necessitem de quantidades maiores de ferro e cálcio. A glucosamina talvez fortaleça as articulações e a creatina possivelmente ajude a construir músculos.
4. **Drogas lícitas.** Analgésicos como a aspirina e seus substitutos, incluindo acetaminofeno (encontrado no Tylenol®) e ibuprofeno (encontrado no Advil®), estão à venda sem prescrição médica. Alguns corredores acham que precisam engolir esses comprimidos para completar um treino ou uma competição.

5. **Drogas semilícitas**. Alguns medicamentos vendidos em balcões de farmácia são claramente proibidos pelos órgãos governamentais norte-americanos. Entre eles, DHEA e androstenediona, que agem como esteróides, ou testosterona, para aumentar a força. Outros são legais em pequenas quantidades, mas proibidos em quantidades excessivas, como a efedrina, um descongestionante comum e até a cafeína.

Alguns desses produtos funcionam como o prometido. Barras de cereais e géis, por exemplo, podem atrasar significativamente ou mesmo eliminar retardamentos de fim de corrida em maratonas. Produtos como a aspirina aliviam a dor, mascarando-a temporariamente enquanto deixam a causa sem tratamento. Um pouco de cafeína fornece uma revigorada antes de uma corrida.

As drogas semilícitas funcionam, mas possivelmente se pague um preço físico ou ético. Os atletas estão proibidos de usá-las devido ao receio quanto aos efeitos colaterais a longo prazo e porque lhes dão uma injusta vantagem competitiva.

A maioria dos suplementos que os corredores tomam é menos drástica em benefícios, bem como em efeitos colaterais. Testes científicos sobre os benefícios de vitaminas, minerais e preparados de ervas são, na melhor das hipóteses, inconclusivos. A falta de provas absolutas não afasta os corredores desses produtos. Eles funcionam porque usamos o aditivo mais forte de todos – a fé.

Lição 34: Peso em Líquidos

Embora a perda de peso causada pela desidratação seja temporária, ainda é de importância vital para os corredores. Os efeitos significativos da desidratação são negativos e vão de queda no desempenho a um colapso na saúde. Aqui está, em termos simples, o que acontece. Um litro de transpiração pesa cerca de 1kg e um corredor pode perder tudo isso antes de notar qualquer efeito danoso. À medida que aumenta o déficit, a temperatura do corpo aumenta proporcionalmente, levando a um nível crítico.

C.H. Wyndham, um sul-africano, realizou pesquisas abrangentes sobre respostas ao calor. Ele disse: "Até um déficit corporal de água de cerca de 3%, a temperatura do corpo gira em torno de 38°C. Mas com um aumento do déficit de água acima de 3%, as temperaturas retais aumentaram na proporção do déficit de água".

O aumento de 1 a 2°C é normal e aceitável para um corredor. Mas aumentos acima disso exigem atenção. O fisiologista norte-americano David Costill mediu perdas em transpiração que chegaram a 10% em maratonistas e temperaturas de até 40°C). O calor corporal um pouquinho acima disso pode levar à

85-7241-641-2

exaustão por calor ou insolação, sendo esta última potencialmente fatal (não vá se alarmar; você dificilmente ficará superaquecido em suas corridas diárias de ritmo confortável).

Beber imediatamente antes, durante e depois das corridas não eliminará completamente as perdas. Mas pode substituir o suficiente do líquido perdido e resfriar a temperatura até o ponto em que o exercício seja, pelo menos, seguro. O dr. Costill disse que corredores tendem a deixar a sede ditar seus hábitos de consumo de líquidos e a sede às vezes mente sobre as verdadeiras necessidades de líquido. "Em testes de laboratório que exigiram cerca de 3,6kg de perda através da transpiração", disse Costill, "observamos que a sede era temporariamente satisfeita com apenas 450g de água".

Figura 5.2 – Beber muito líquido não é importante apenas durante uma competição. Você precisa consumir uma quantidade adequada de água todos os dias.

85-7241-641-2

A água responde por quase toda a perda e é a bebida preferencial para reposição porque é absorvida rapidamente, com pouca ou nenhuma complicação. Depois de uma grande perda de líquidos pela transpiração, pode levar vários dias para se restabelecer o equilíbrio e a desidratação crônica pode resultar de perdas pesadas e repetidas com reposição inadequada. A melhor maneira de se precaver contra isso é verificar seu peso todos os dias. Se perder mais de 1kg de um dia para o outro, você terá perdido um litro em líquidos. Beba logo!

Lição 35: Débito de Transpiração

As perdas de líquidos que ultrapassam 3% do peso corporal representam uma desidratação significativa. A Tabela 5.1 traduz os 3% em quilogramas para corredores de diversos tamanhos. Recomenda-se verificar o peso antes e depois da corrida, especialmente depois de corridas de ritmo intenso e em clima úmido e quente. A leitura mais precisa de seu débito de transpiração é obtida ao se pesar imediatamente após a corrida – antes de beber bastante ou comer qualquer coisa. Reponha todo o peso perdido em líquido antes de correr outra vez.

Tabela 5.1 – Verificação de peso

Antes da corrida (kg)	Depois da corrida (kg)
45	44
48	46
50	48
52	51
54	53
57	55
59	57
61	59
64	62
66	64
68	66
70	68
73	70
75	73
77	75
79	77
82	79
84	82
86	84
89	86
91	88

85-7241-641-2

Lição 36: Combustível para Correr

O médico/pesquisador/técnico alemão Ernst van Aaken afirmou certa vez: "Ninguém jamais se tornou veloz por comer". No entanto, como observou o técnico Arthur Lydiard, "Do jeito que os corredores comem antes de uma competição, qualquer um pensaria que estão com medo de morrer de desnutrição nos primeiros 50 metros".

O dr. van Aaken achava que corredores não deveriam comer nada, ou comer muito pouco, nas 12h anteriores a uma competição. Eles têm estocado todo o combustível de que precisam, afirmou ele e colocar mais alimento dentro de um sistema tenso pode causar indigestão, cãibras, diarréia ou outras dificuldades. van Aaken e Lydiard concordaram quanto ao fato de as últimas horas antes de uma competição serem tarde demais para que o alimento traga algum benefício, mas não tarde demais para que traga danos.

A semana antes da competição é uma questão diferente. Benefícios significativos podem ser obtidos com um armazenamento de carboidratos nesse período. A técnica consiste em suprir o corpo com um combustível altamente energético chamado glicogênio, um produto de alimentos ricos em carboidratos. A teoria por trás do suprimento de carboidratos é que os suprimentos musculares de glicogênio são limitados e se esgotam durante corridas longas, fazendo com que passemos a diminuir o ritmo ou paremos. Mas nós podemos aumentar essas reservas fazendo malabarismos com o consumo de carboidratos e, assim, ir mais longe antes de dar de cara com uma parede. A dieta não aumenta a velocidade; apenas retarda o momento da queda de velocidade. Funciona melhor em corridas e competições que durem mais de duas horas, o ponto em que o esgotamento de glicogênio normalmente atingiria um nível crítico.

A rotina clássica de suprimento de carboidratos abrange três estágios:

1. A longa corrida de *esgotamento* sete dias antes da competição para retirar o glicogênio do corredor.
2. A fase da proteína – três dias para manter o nível de glicogênio baixo alimentando-se de refeições ricas em proteína e pobres em carboidratos (carnes, ovos, peixes e similares).
3. A fase do carboidrato – três dias fartando-se de carboidratos (pão, massas, arroz).

85-7241-641-2

A principal queixa dos corredores quanto à rotina diz respeito à fase rica em proteína. Eles dizem que se sentem exaustos, irritadiços e suscetíveis a doenças e perda de confiança no pior momento possível. Uma versão modificada da rotina de suprimento de carboidratos traz alguns dos benefícios e reduz os riscos. Os atletas simplesmente fazem uma corrida de meia distância para esgotar os recursos de glicogênio cerca de quatro dias antes da competição, depois começam imediatamente a ingerir carboidratos.

A manutenção de carboidratos durante a corrida e a reposição depois dela são, no mínimo, tão importantes quanto o suprimento inicial. Os níveis de carboidrato já são relativamente altos no início de uma corrida longa, mas o esgotamento das reservas começa imediatamente. Os corredores podem superar isso parcialmente ao consumir barras de cereais ou géis para atletas. Pesquisas mostram que o consumo de bebidas e alimentos ricos em carboidratos na primeira hora depois da corrida ou da competição acelera a recuperação.

85-7241-641-2

PARTE

2

Correr para Entrar em Forma

As respostas para as grandes perguntas da logística das corridas variam imensamente, mas cada corredor precisa lidar com elas: quanto? Em que ritmo? Com que freqüência? Mude a ordem delas, troque as palavras e elas formarão a sigla FIT – freqüência, intensidade e tempo.

85-7241-641-2

CAPÍTULO

6

Personalizar o Treino

Reúna respostas para as três perguntas principais: quanto? Em que ritmo? Com que freqüência?

Lição 37: Visão Geral do Treino

Embora as respostas para as grandes perguntas da logística das corridas variem imensamente, todo corredor precisa considerar quanto, com que ritmo e com que freqüência correr. Para obter as respostas, pense FIT – freqüência, intensidade e tempo*.

- **A freqüência define quando você irá correr**. Dia sim, dia não é uma regra geralmente aceita como o mínimo para obter e manter um condicionamento básico. Corredores habituais, porém, optam por correr quase todos os dias da semana. Corredores ambiciosos não param em sete treinos diários, mas correm duas vezes quase todos esses dias. Quão bem você se recuperar de uma corrida para outra determinará sua freqüência ideal.
- **Intensidade é a velocidade em que você irá correr**. Forçar o ritmo é, às vezes, necessário para corredores que estão treinando para competir. Mas o trabalho de velocidade deve ser considerado como

85-7241-641-2

* **N. do T.:** O autor faz um trocadilho com a palavra *fit*, que em inglês significa apto, em boa forma.

prescrição, tomado em doses pequenas e bem espaçadas. Mesmo os corredores de elite fazem corridas fáceis a maior parte do tempo. *Fácil* e *difícil* são termos melhores que *devagar* e *rápido*, porque o ritmo fácil por milha ou quilômetro de outra pessoa pode lhe parecer o ritmo de uma competição. A melhor maneira de julgar a intensidade ideal é a corrida ser confortável.

- **Tempo é a duração de sua corrida.** O tempo é um modo mais fácil de conferir a duração das corridas do que a distância, porque você não tem que medir um percurso, nem se ater a uma rota predefinida, nem converter milhas em quilômetros quando estiver viajando. Tudo o que precisa fazer é olhar para o relógio. A maioria dos benefícios do bom condicionamento vem na primeira meia hora, mas ir mais longe pode produzir benefícios em áreas como treino para competição, bem como relaxamento e meditação. O que você quiser da corrida determinará a duração ideal de suas sessões.

85-7241-641-2

Lição 38: Planos de Treino

Você tem o direito de saber: qual é a origem das idéias de treino delineadas em quase todos os capítulos daqui para frente? Quem estabeleceu as bases e quais são suas credenciais? Os nomes Bill Boweman, Kenneth Cooper e Arthur Lydiard foram os que mais se destacaram no primeiro grande *boom* de corridas que começou no final da década de 1960 e atingiu seu pico em meados dos anos 1970. Ao modificar as técnicas de treino e as atitudes que antes predominavam na corrida, esses três gigantes ajudaram a possibilitar para jovens atletas de elite (quase todos homens) que a corrida fosse mais que um esporte.

Bowerman foi um renomado técnico de pistas na Universidade de Oregon, que treinou mais corredores que faziam uma milha em menos de quatro minutos que qualquer outro norte-americano. Ele viajou para a Nova Zelândia no começo da década de 1960 e encontrou Lydiard, um técnico ainda mais proeminente que havia desenvolvido dois vencedores de medalhas de ouro nas Olimpíadas de Roma. Bowerman se impressionou mais com o fato de Lydiard haver apresentado milhares de neozelandeses de todas as idades e capacitações à corrida. Bowerman começou a correr quando voltou para casa e milhares de norte-americanos logo seguiram seu exemplo.

Lydiard, ele mesmo um ex-maratonista, abandonou os métodos de sua época, orientados para a pista, em favor de longas corridas de distância nas ruas. Depois traduziu esse sistema para programas que corredores não de elite poderiam usar. Os corredores de pista que treinavam nas ruas acabaram tendendo para competições de longa distância, o que levou à explosão desse ramo do esporte.

Cooper fora um atleta no colégio e na faculdade. Enquanto servia à força aérea, testou as reações de centenas de milhares de militares aos exercícios. Concluiu que a atividade constante, prolongada e do tipo aeróbico era a mais benéfica e que a corrida era o mais eficiente desses exercícios. Seu primeiro livro, *Aerobics*, publicado pela primeira vez em 1968 e desde então atualizado várias vezes, convenceu milhões de pessoas a correr.

Lição 39: Dicas de Treino

Outras autoridades – Tom Osler e Jeff Galloway lideram a lista nos anos mais recentes e você lerá sobre eles nos últimos capítulos – acrescentaram suas idéias e refinaram as de Cooper-Lydiard-Bowerman. Mas seus programas de treino, como delineados neste livro, repousam sobre as sólidas bases construídas por esses três gênios que revolucionaram a atividade.

Figura 6.1 – Com treino apropriado você será capaz de correr mais rápido e mais longe.

- **Cubra pelo menos 10min, ou cerca de uma milha (1,6km)**. Segundo Kenneth Cooper, você deve correr cerca de 10min antes de obter qualquer benefício do treino. Os três peritos concordam que este é o tempo mínimo absoluto de corrida, de modo que você começa nesse nível – como aquecimento para corredores experientes ou como sessão completa para iniciantes – e trabalha a partir daí.
- **Use o "teste da conversa"**. Este é um termo cunhado por Bowerman. Ele disse que se você puder falar enquanto corre, estará indo muito bem. Se estiver sem fôlego, estará rápido demais (uma alternativa mais precisa e de tecnologia mais alta é o monitoramento da freqüência cardíaca).
- **Treine, não se esgote**. Esta frase é de Arthur Lydiard. Correr não pode ser exaustivo, especialmente nesse estágio inicial, mas também na maioria dos dias para os corredores mais avançados. Lydiard disse que você raramente deva ir além dos limites do *cansaço agradável.*
- **Corra contando o tempo**. Lydiard encorajava os corredores a se preocuparem apenas com períodos de tempo, não com distâncias, na maioria de suas corridas. Você pode acelerar em uma distância para acabar mais rápido, mas não pode apressar o tempo, de modo que é mais provável você correr seus minutos em ritmo confortável e seguro.
- **Faça intervalos, se necessário**. Esta é outra dica de Bowerman (refinada e promovida mais tarde, por Tom Osler e Jeff Galloway). Comece o período de exercícios com a intenção de correr o máximo do tempo que puder, lembrando de manter a atividade aeróbica e não exaustiva. Se a respiração ficar difícil ou se sentir dores, diminua o passo para uma caminhada até que se sinta recuperado, e depois recomece a corrida. Repita tantas vezes quantas forem necessárias e demore o tempo que for preciso para preencher a quota diária de minutos de corrida.
- **Descanse e se recupere**. Bowerman empregava o princípio "fácil-difícil". Ele disse que ninguém que ele treinara jamais conseguira dar duro todos os dias e continuar melhorando. O progresso vem mais rápido, observou, quando alternam dias de esforço com dias de recuperação. Isso poderia significar correr dia sim, outro não (descansando ou praticando treino alternativo nos dias sem corrida) ou alternar corridas mais difíceis com as mais fáceis.
- **Faça um desafio ocasional a si mesmo**. Os três peritos foram corredores competitivos que reconheceram os valores motivacionais da competição. Todos eles embutiram testes de um ou outro modo em seus programas, para acrescentar entusiasmo. Para você, os testes poderiam ser competições reais, testes de tempo ou simplesmente corridas um pouco mais longas e mais rápidas que o normal.

Comentário de Corrida: Correndo em Círculos

O progresso não corre necessariamente em linha reta, para cima ao longo do tempo, eternamente inovando, sempre encontrando maneiras melhores. Também se pode progredir completando um círculo inteiro. A pista de corrida da minha vida é claramente circular.

T. S. Elliot escreveu certa vez: "Ao final de todas as nossas explorações chegaremos ao ponto onde começamos – e, pela primeira vez, conheceremos o lugar". Eu poderia acrescentar: a maior parte do que precisei saber, sabia antes que soubesse muita coisa. Ou seja, os instintos me disseram o que fazer como corredor e o tempo provou que estavam corretos. Esses instintos me mostraram os caminhos certos na minha corrida e dividiram minhas atividades em três partes. Por ordem de chegada, elas são: rápida, fácil e longa.

- **Rápida**. Minha primeira corrida cronometrada em distância foi de uma milha (1,6km), com 10 anos. Minha primeira competição no colégio, quatro anos depois, foi de uma milha.
- **Fácil**. Minhas primeiras corridas mais fáceis me levaram aos quadrados de terra cultivada fora da cidade. Esses quadrados mediam uma milha cada lado, ou quatro milhas (cerca de 6,5km) para um circuito completo, ou cerca de meia hora de corrida.
- **Longa**. Minhas primeiras corridas longas foram longe da escola. A estrada entre meu colégio e minha casa tinha cerca de oito milhas (13km) e eu levava mais ou menos uma hora para correr.

A mistura precoce de longo, rápido e fácil – por mais primitivo que pareça agora – proporcionou um punhado de títulos colegiais estaduais. Mas não saber o quanto eu sabia no começo fez com que eu me afastasse dessas práticas enquanto procurava alguma coisa melhor. Entre o ingresso na faculdade, no começo da década de 1960 e o ingresso na meia-idade, em meados dos anos 1980, passei pelas corridas totalmente rápidas, depois extremamente longas e, por fim, totalmente fáceis. A fase de velocidade total me deixou exausto, a fase muito longa me lesou e a fase extremamente fácil me deixou entediado.

Se o progresso percorre uma grande rota circular de volta ao ponto de partida, fiquei o mais longe dela durante a fase em que só fazia corridas fáceis de meia hora. Esse período, que acabou em 1987, foi quando minha corrida ficou mais desequilibrada. Dois terços daquilo que originalmente me atraíra haviam desaparecido. As primeiras a voltar foram as corridas longas. Algumas vezes corri duas e até três horas me preparando para uma maratona ocasional. Mas minha norma voltou ao que havia sido quando corri pela primeira vez as oito milhas de casa para a escola, adolescente. Uma hora era, naquela época assim como hoje, a corrida mais longa para a maioria das semanas.

85-7241-641-2

As corridas mais rápidas retornaram depois. As corridas de uma milha são memórias hoje, mas, sozinho nas ruas de manhã, às vezes corro uma-mais-um – uma milha, pelo menos um minuto mais rápido que o ritmo que vinha fazendo nos outros dias – para me lembrar do esforço necessário para esta distância que foi a primeira que corri, e a mais freqüente.

As corridas fáceis são, novamente, para preencher as lacunas entre as longas e as rápidas. As fáceis me levam de volta aos dias em que corria ao redor dos quadrados de quatro milhas em Iowa. Dos três jeitos – longo, rápido e fácil – estou de volta ao ponto em que comecei. E finalmente sei como esses três tipos de corrida se relacionam e o que significam para mim.

Lição 40: Quanto Devo Correr?

Corra o bastante, mas não demais. A maioria dos peritos concorda em que os principais benefícios físicos são obtidos com corridas de 15 a 30min. Você certamente pode manter seu corpo em razoável forma com poucos quilômetros por dia, alguns dias por semana.

No entanto, outro médico nos lembra que o corpo possui uma cabeça grudada e que a mente tem suas próprias e diferentes necessidades. O psiquiatra Thaddeus Kostrubala é um pioneiro, tanto quanto Cooper, que vem usando a corrida como ferramenta terapêutica há uma década. O dr. Kostrubala diz que seus pacientes reclamavam e se sentiam péssimos no começo das corridas. Mas, se ele os ajudasse a superar essas queixas iniciais e as corridas durassem meia hora ou mais, os sintomas melhoravam. As sessões mais produtivas de terapia aconteciam depois de uma corrida, disse Kostrubala.

Corredores mentalmente sãos repetem o mesmo padrão. Os primeiros minutos não costumam ser agradáveis, mesmo para atletas em boa forma que correm há anos. Esse é um período de aquecimento e próprio para encontrar o ritmo de corrida. Corredores se arrastam pelo primeiro estágio para que possam chegar à parte boa, que pode não chegar antes de passada meia hora.

Por tal razão, aconselha-se a encaixar a corrida num período de, pelo menos, 30min. Você faz isso porque os períodos mais longos são mais satisfatórios. Eles o aquecem; dão-lhe tempo para pensar e para se livrar de pensamentos perturbadores e tensões. No começo, a caminhada pode ocupar boa parte do tempo total, mas trabalhe no sentido de correr confortavelmente durante meia hora ininterrupta, ou mais, em todas as suas sessões.

Corredores experientes normalmente gastam a maior parte dos dias dentro dos 30 a 60min estabelecidos. Isso é tempo suficiente para ser recompensador, mas o período é curto o bastante para que continue sendo uma boa e saudável diversão, e não um segundo emprego; longo o

85-7241-641-2

Tabela 6.1 – Distâncias de treino

Ritmo (min) por km	Distância em km para 30min	Distância em km para 60min
3:44	8,0	16,1
4:02	7,4	14,8
4:20	6,9	13,8
4:39	6,4	12,9
4:58	6,1	12,1
5:17	5,7	11,4
5:35	5,3	10,8
5:53	5,0	10,1
6:12	4,8	9,7
6:31	4,6	9,2
6:50	4,3	8,9
7:08	4,2	8,4
7:26	4,0	8,0

85-7241-641-2

suficiente para fazer você sentir vontade de repetir e rápido o bastante para permitir que o faça. Corridas com essa duração preenchem as necessidades de entusiasmo sem drenar as reservas de energia.

Por questões práticas (ver Lição 14), este livro recomenda medir a maioria das corridas em tempo, não em distância. Mas os corredores ainda gostam de saber que distância percorreram. Para converter os tempos, estime o ritmo médio por quilômetro para o período apropriado de tempo e encontre a distância na Tabela 6.1.

Lição 41: Em que Ritmo?

Corra devagar, mas não muito. George Sheehan, outro médico que incentivou a corrida, disse: "Se o ritmo é muito lento, traz poucos benefícios. Por outro lado, um ritmo muito intenso é auto-sabotagem".

"Confortável" é a palavra-chave, disse Sheehan. Ele disse aos corredores, "acertem seu velocímetro interno logo abaixo da zona de desconforto e fiquem aí – diminuindo o ritmo sempre que começar a doer ou aumentando quando sentirem que está fácil demais". Sheehan insistiu em que o corpo sabe, com precisão muito maior que qualquer cronômetro ou programa de treino, qual é o melhor ritmo (mais tarde, ele acrescentou que um monitor de freqüência cardíaca poderia ajudar, relatando exatamente o que o corpo sentia).

O truque é cooperar com a dor como se fosse uma amiga e não lutar contra ela como inimiga. Isso se une ao conceito que, em ioga, se conhece como "expandir o limite". Ian Jackson, que popularizou exercícios semelhantes à ioga para corredores, recomendou um alongamento cuidadoso até o ponto de desconforto, retrocedendo um pouquinho, depois mantendo aquele *limite* por alguns segundos. A primeira sensação que se observa é que o limite começa a se expandir sem qualquer esforço excessivo. Depois de algumas semanas de alongamento, observa-se que assim o limite de conforto se moveu para um ponto que antes só se alcançava com muita dor.

Expandir o limite também se aplica ao ritmo em que se corre, disse Jackson. Significa encontrar aquela linha invisível entre o conforto e o desconforto. Se você nunca a *cutucar*, nunca a expandirá – mas se empurrar demais, ela o quebrará.

Se você quiser uma mensuração mais precisa, verifique seu pulso enquanto correr. O ritmo apropriado para a maior parte dos treinos corresponde a aproximadamente 75% de sua freqüência cardíaca máxima. Regras gerais para determinar o máximo (como 220 menos a sua idade) são imprecisas e o pulso é difícil de ser tomado manualmente. É preciso parar para essa contagem, o que permite que sua freqüência cardíaca imediatamente diminua. Portanto, se quiser verificar seu esforço por essa maneira, invista em um monitor de freqüência cardíaca.

À medida que se desenvolve em seus treinos de corrida, você aprenderá a confiar nos sinais do corpo e nos instintos para determinar o ritmo. Quando começar a competir, descubra qual é seu ritmo absolutamente mais rápido para uma determinada distância. O treino normalmente é mais lento em média de um minuto por quilômetro que o ritmo de competição para a mesma distância. Um corredor que faça 1km em 5min, por exemplo, realizaria a maior parte da corrida num ritmo de 6 min/km). Isso será lento o bastante, mas não lento demais – no limite, mas sem o ultrapassar.

O ritmo ideal para a maioria dos corredores – excluindo testes de velocidade e competições – é cerca de 40 a 75 segundos a menos por quilômetro do que você seria capaz de correr, dando tudo de si, em uma distância igual. Use um tempo recente de competição como guia, ou estime sua velocidade potencial para competir. Calcule aquele ritmo, depois encontre sua média de treino na Tabela 6.2. O contrário também é verdadeiro; você deve ser capaz de competir em média 1min *mais rápido* por quilômetro do que o seu treino nessa distância.

85-7241-641-2

Lição 42: Com que Freqüência?

Corra pelo menos dia sim, dia não, mas não *todo* dia. As autoridades em treinos geralmente concordam neste ponto. Corra três ou quatro vezes por semana, mas se permita pelo menos um dia na semana para descansar.

Bill Bowerman era a favor de descanso para todos os corredores. "O corredor bem condicionado aprende cedo", disse ele, "que o descanso é tão importante para seu sucesso quanto o exercício". A maior contribuição

Tabela 6.2 – Ritmos de treino

Ritmo (min) por km	Ritmo mais rápido de treino (km)	Ritmo mais lento de treino (km)
3:06	3:44	4:20
3:25	4:02	4:39
3:44	4:20	4:58
4:02	4:39	5:17
4:20	4:58	5:35
4:39	5:17	5:53
4:58	5:35	6:12
5:17	5:53	6:31
5:35	6:12	6:50
5:53	6:31	7:08
6:12	6:50	7:26

de Bowerman para a teoria do treino foi o sistema fácil-difícil. Por ele, seus atletas em competição faziam um dia de treino pesado e um dia ou dois depois treinavam mais leve, antes de dar duro outra vez. "Em todos os meus anos treinando corredores de classe nacional – e internacional", disse Bowerman, "observei que eles progridem mais rápido e com menos dificuldade com um programa que alterna o fácil e o difícil. Evitam-se as condições de fadiga crônica".

85-7241-641-2

Para um corredor novo, ou um que esteja retornando ou simplesmente querendo satisfazer as necessidades mínimas da boa forma, *fácil* pode significar um dia de descanso – ou, no máximo, um dia em que uma atividade paralela como caminhada, ciclismo ou natação substitua a corrida. O conselho de Kenneth Cooper sobre a freqüência das corridas para manter a forma continua sendo a cartilha pela qual rezamos: três a cinco dias por semana. O que significa que dois a quatro dias são reservados para fazer outra coisa, ou apenas para descansar.

O corredor de competição mais velho precisa dar atenção especial aos dias fáceis e de descanso. Os tempos de corrida não diminuem necessariamente com a idade, mas as velocidades de recuperação, sim. Bill Bowerman treinava seus atletas em idade colegial alternando dias fáceis e difíceis. Para o corredor mais velho, talvez isso venha a ser um dia difícil, uma *semana* fácil – sendo um ou mais desses dias o mais fácil de todos: descanso. O melhor dia para programar um descanso é depois da sessão mais difícil da semana, seja a mais longa ou a mais rápida – e especialmente depois de uma competição, que deve ser ao mesmo tempo longa *e* rápida. Quanto mais longa e rápida for, mais você poderá precisar multiplicar os dias de descanso depois.

CAPÍTULO

7

Programa de Recuperação

Comece a correr, caminhar, ou ambos, para recuperar sua base de condicionamento desgastada por negligência.

Lição 43: Visão Geral do Recomeço

Os primeiros passos são os mais difíceis. São os que transformam um não-corredor em corredor. Romper a inércia ao se levantar do sofá ou descer do carro e começar a reverter hábitos sedentários de uma vida inteira é admirável, porque é muito difícil. Mesmo que você já tenha começado, pode ajudar os iniciantes imensamente orientando e elogiando.

Todo mundo já foi corredor um dia, mesmo que somente na infância, enquanto brincava. Quanto tempo se leva para retomar a boa forma depende de quanto tempo foi gasto para sair de forma e de quanto peso foi acumulado nesse meio tempo.

As pessoas que voltam à corrida são de dois tipos – as que nunca tentaram um programa formal e as que já treinaram, mas deixaram o bom condicionamento ir embora. Os novos corredores têm mais dificuldade porque precisam aprender as regras desse jogo pela primeira vez. Mas eles não sofrem a maldição da memória que os que já correram têm dos tempos e distâncias que podiam correr e já não conseguem.

85-7241-641-2

Você pode ajudar os corredores que retornam dando-lhes algumas certezas. Comece ajudando-os a celebrar pequenas vitórias. Correr uma milha, ou um quilômetro, ou mesmo um minuto pode ser uma vitória nesse estágio e qualquer coisa que eles façam agora é um grande passo em relação à sua recente inatividade. Diga a essas pessoas que não há problema em dividir as corridas em segmentos curtos, intercalados por caminhadas. Eles não estarão trapaceando, mas sim usando uma abordagem muito antiga chamada treino de intervalos. Prometa a esses corredores que nos primeiros meses eles obterão suas maiores vitórias no período mais curto de tempo. Por isso, os primeiros passos não são apenas os mais difíceis, são também os mais gratificantes.

Lição 44: Linhas de Largada

Parabéns! Você acaba de dar o maior passo na direção de se tornar um corredor: decidiu começar. Ou, mais precisamente, decidiu começar de novo, uma vez que todo mundo já foi corredor um dia. Mesmo assim, apesar dos benefícios muito divulgados e da popularidade dessa atividade, são relativamente poucos os adultos que dão o primeiro passo de volta às corridas. Os que atingiram certa idade talvez admitam que precisam praticar mais exercícios. Podem até prometer começar – amanhã. É o mesmo amanhã-que-nunca-chega em que eles irão começar dietas, reduzir o tabaco e o álcool, reduzir o número de horas que passam assistindo à televisão, ou dirigir mais devagar e com mais segurança.

Mudar os velhos hábitos significa substituir um conjunto de hábitos familiares e confortáveis (no caso, uma vida mansa demais) por um grupo de ações novas e mais ativas – mas também pouco familiares e desconfortáveis. Isso nunca é fácil. A parte mais difícil de começar a correr é substituir um tipo de inércia por outro. Você se lembra das leis da inércia: um corpo em repouso tende a ficar em repouso e um corpo em movimento tende a ficar em movimento. Esses fatos da física também se aplicam ao ato físico de correr.

Primeiro, a mente resiste ao movimento e precisa ser convencida do valor da nova atividade. Você já ultrapassou essa barreira mental. Você já listou suas razões para tentar correr: perder peso e ter melhor aparência, ganhar mais resistência e velocidade (talvez até participar de competições), condicionamento para outros esportes, perseguir o ilusório "barato" do corredor.

Agora você pode se concentrar em transpor as barreiras físicas. Um corpo acostumado ao repouso não salta instantaneamente para o movimento. Não importa o quanto a mente esteja disposta, o corpo resiste aos movimentos iniciais em uma nova direção. Exigir muito de si mesmo logo no começo pode levar a um breve e desencorajador final para sua experiência nas corridas.

85-7241-641-2

As primeiras semanas e meses como corredor são, ao mesmo tempo, emocionantes e arriscados. É nesse período que a melhora pode ser obtida mais rapidamente – ou quando você pode sofrer uma lesão e se sentir desencorajado. Cada passo deve ser muito cuidadoso, agora.

Lição 45: Primeiras Deduções

A primeira dedução é que você não é hoje, e talvez nunca tenha sido, um corredor regular. Esta pode ser sua primeira tentativa de um programa formal de corrida, ou você pode estar tentando mais uma vez, depois de uma experiência desagradável. Seja como for, provavelmente se sentirá desajeitado no começo – nem um pouco como uma criança brincando, com excelente condicionamento e movimentos livres e flexíveis garantidos. Você precisa recuperar sua boa forma antes de se mover com qualquer coisa

Figura 7.1 – Uma das partes mais difíceis de correr pode ser superar anos de inatividade, mas, se você for persistente, acabará colhendo os resultados que merece.

semelhante à graça inconsciente e deve prestar atenção a cada passo para não tropeçar.

A segunda dedução é que você espera resultados imediatos e irá se esforçar demais para alcançá-los. Você acha que pode perder quase 10kg no primeiro mês, correr durante uma hora sem parar e melhorar imediatamente em um minuto seu tempo para 1,6km. A adaptação a essa exigente atividade física não ocorre tão rápido. É preciso conquistar progressos pouco a pouco, com esforços moderados, mas regulares, e não tentar entrar em forma à força. O entusiasmo excessivo produz sucesso instantâneo, mas freqüentemente leva à frustração e a lesões.

85-7241-641-2

A terceira dedução é que muito do que você pensa que sabe sobre técnicas de treino está errado. Uma grande quantidade de *conhecimento* sobre corrida que circula foi obtida de competidores e de seus técnicos. Treinar para competir – com ênfase em romper as barreiras de tempo, distância e dor – é um talento especializado que tem pouco a ver com você e sua meta inicial de aprender a correr confortavelmente. Você ainda tem um bocado a aprender sobre corridas e mais ainda sobre como *não* deve correr. As lições sobre os erros que corredores cometem preencheriam volumes muito maiores que este.

Comentário de Corrida: Por Aí Afora

Norm Lumian foi ultramaratonista a vida toda. Ele corre desde os 12 anos de idade e está com 70. A síndrome pós-polio está gradualmente lhe tirando a firmeza das pernas. Antecipando o futuro, ele realiza uma rotina incomum, com corrida num dia e uma sessão com cadeira de rodas no outro. De todas as pessoas que encontro nas ruas e pistas de Eugene, ninguém parece se divertir mais de manhã, mesmo depois de tantos anos fazendo a mesma coisa.

Norm, um professor universitário aposentado, me telefona com freqüência para *dar nota* aos meus artigos e para me *passar* mais alguns. Recentemente ele disse: "Por que você não escreve alguma coisa sobre o simples prazer de sair de casa para uma corrida todo dia?". Sugestão aceita, professor.

Um de meus percursos habituais me leva por um caminho ao longo de um riacho. De um lado está um jardim botânico; do outro, uma academia de esportes. Das duas esteiras colocadas diante da parede envidraçada da academia, pode-se ver o jardim e o riacho. As duas esteiras estão sempre ocupadas no horário em que passo diante de sua janela para o mundo externo.

Os corredores das esteiras podem estar em melhor forma que eu (e com certeza são mais jovens, mais bem vestidos e mais bonitos). Mas, olhando para eles, penso que há muito mais na corrida que a obtenção da boa forma e que eles estão perdendo quase tudo, menos o exercício. Correr apenas pelo exercício é como comer apenas para fortalecer os músculos da mandíbula ou escrever para treinar os dedos.

A corrida que deu início a esta história foi em uma manhã de primavera. O friozinho ainda trazia um resto do inverno que relutava em partir. Mas já estava amanhecendo rápido o bastante para que eu pudesse ver por onde passava e não simplesmente saber que estava tudo lá. Aquela manhã explodia com as visões, os sons e os cheiros da nova estação.

Os corredores das esteiras perdem a maior parte disso. O clima e a iluminação dentro de suas academias nunca mudam. Eles ouvem o rangido das máquinas, ou a música de fundo e as notícias. Eles só sentem o cheiro uns dos outros e dos purificadores de ar que disfarçam os aromas do esforço humano. Eu saúdo os corredores de esteira por seu esforço, provavelmente maior que o meu. Mas gostaria que eles pudessem sair pela parede envidraçada e experimentar o mundo mais vasto das corridas aqui fora.

Figura 7.2 – À medida que você continua correndo, começa a observar melhoras no funcionamento de seu sistema cardiovascular.

85-7241-641-2

O exercício dentro de um lugar, e estático, é como observar o mundo natural passando pela janela de um carro. Você vê, mas não o sente. Você está separado dele, não é realmente parte dele. Na academia, cada dia é muito parecido com o dia anterior. Lá fora, nenhum dia é exatamente como o anterior.

Saio quase todos os dias às sete horas da manhã. Corro a maior parte desses dias. Mas mesmo quando o treino do dia é uma caminhada, saio no mesmo horário, com as mesmas roupas, seguindo os mesmos percursos pelo mesmo período de tempo. Tedioso? Nunca!

E isso porque dois dias nunca são idênticos. Os índios americanos diziam que você não pode atravessar o mesmo rio duas vezes e o mesmo acontece com os dias. Os dias de corrida nunca são clones exatos. As condições do clima, as qualidades da luz, as variedades de visões e sons estão sempre se alternando e produzindo alguma coisa nova. Sem colocar os pés para fora, você não pode saber exatamente qual é o frescor do dia.

85-7241-641-2

Lição 46: Atividade Aeróbica

Quando se torna um corredor, duas mudanças dramáticas começam a ocorrer dentro de você. Você treina o mecanismo aeróbico e se adapta aos estresses da corrida. Os efeitos combinados abrem caminho para uma corrida mais longa, mais rápida e mais fácil.

Correr é uma atividade essencialmente aeróbica. Kenneth Cooper, em seu livro pioneiro, *Aerobics,* definiu esse tipo de atividade: "Estes exercícios consomem oxigênio sem produzir um débito intolerável (como faz a corrida de velocidade), de modo que podem ser realizados durante longos períodos. Eles ativam o efeito-treino e começam a produzir todas aquelas mudanças maravilhosas em seu corpo. Seus pulmões começam a processar mais ar com menos esforço. Seu coração fica mais forte, bombeando mais sangue com menos batidas, o suprimento de sangue para seus músculos aumenta. Em suma, você está aumentando a capacidade de seu corpo de captar oxigênio e entregá-lo às células dos tecidos, onde é combinado com os nutrientes para produzir energia. Você está aumentando seu consumo de oxigênio e, conseqüentemente, sua capacidade de resistência".

Você sabe que está correndo aerobicamente se conseguir passar pelo assim chamado teste da fala. Tente conversar com alguém enquanto corre, ou assobie, se estiver sozinho. Se conseguir manter sua parte na conversa ou terminar uma música, com certeza estará dentro da categoria de exercícios aeróbicos.

O corpo humano é um instrumento espantosamente maleável. Adapta-se a praticamente qualquer atividade, refugando apenas para se proteger da destruição final. As respostas ao exercício físico são padronizadas. Todo mundo reage ao exercício com a mesma série de ajustes gerais. Juntos, são chamados de efeito-treino.

Os súbitos aumentos de capacidade que um corredor novato consegue são uma prova mensurável das boas mudanças que estão ocorrendo por dentro. O pulso em repouso costuma cair em 10 ou mais batidas por minuto nos primeiros meses de corrida regular. O consumo de oxigênio, uma mensuração em laboratório da capacidade de os pulmões captarem e distribuírem esse combustível para a resistência, aumenta 10% ou mais. A pressão sangüínea normalmente diminui 10% ou mais. Estas e outras mudanças em seu metabolismo e fisiologia internos somam-se às grandes melhoras em seu desempenho, bastante rápidas.

Cooper, que analisou as experiências de milhões de corredores novatos, disse: "Gosto de pensar no efeito-treino como medicina preventiva. Ele constrói uma barreira no corpo contra a maioria das incapacitações comuns. Se você começou um pouco tarde, se uma das incapacitações já o atingiu, o efeito-treino também pode funcionar como cura".

O primeiro passo de um corredor novato ou de um corredor que está recomeçando deve ser remover os efeitos de uma vida sedentária: reduzir o excesso de gordura que se acumulou no corpo. Tonificar os músculos. Injetar mais oxigênio no sistema. Fortalecer e diminuir o ritmo do coração. Corrigir problemas degenerativos, se não progrediram demais.

Mesmo quando se começa do estado que os fisiologistas chamam de descondicionado, as mudanças são imediatas e quase sempre drásticas. Elas seguem o modelo de Cooper e se pode mensurá-las facilmente mantendo três tipos de anotações:

- Desempenhos nas corridas, em termos de distâncias e ritmo.
- Pulso – não apenas em repouso, mas também durante o exercício – e sua velocidade de recuperação.
- Peso.

85-7241-641-2

À medida que o treino progride, um corredor deve automaticamente correr mais longe e mais rápido com o mesmo esforço, ou até menos. O coração bate mais lentamente em repouso, faz esforços maiores com menos sensação de esgotamento e volta ao normal mais rápido que antes. O peso – se não era excessivo no começo – quase sempre cai ou, pelo menos, o peso em gordura é substituído por um peso mais útil e atraente em músculos.

Essas mudanças vêm com o tempo e não podem ser aceleradas. Elas chegam apenas em seu próprio ritmo. Ao tentar acelerá-las, você só consegue descer na escala da boa forma. A mesma atividade que aumenta o condicionamento pode causar desgaste, se for em doses inadequadas.

Isso nos leva ao segundo princípio fundamental do condicionamento pela corrida: a adaptação gradual ao estresse. É melhor você se vacinar contra os aspectos estressantes desse exercício. Uma vacina é uma dose pequena, cuidadosamente controlada, de remédio. Se tomada em quantidades apropriadas, ela constrói imunidade contra a doença mas, se tomada em excesso, a cura pode ser pior que o mal.

Nesse caso, a ausência de condicionamento aeróbico é a doença e, a corrida aeróbica, a vacina. Você tenta construir, correndo, uma imunidade contra os estresses da corrida. Quando as doses são muito altas, você sobrecarrega a capacidade do sistema de se adaptar e acaba se esgotando. Mas quando as quantidades são pequenas e aumentadas com cuidadoso controle, você fica mais forte.

Lição 47: Auto-análise

Escolha o número que o descreva melhor em cada um dos 10 importantes fatores de saúde e condicionamento. Some os pontos para determinar como deve começar seu treino de corrida.

85-7241-641-2

1. Saúde cardiovascular

3 = nenhum histórico de problemas cardíacos ou de circulação, incluindo pressão alta.
2 = problemas do passado foram considerados curados.
1 = alguns problemas existem, mas não exigem cuidados médicos.
0 = está em tratamento médico por problemas cardiovasculares (aviso: se você tem histórico de tais doenças ou mais de 35 anos, não comece um programa de corridas sem antes receber autorização de seu médico – e, mesmo assim, com a supervisão cuidadosa de um instrutor físico).

2. Lesões

3 = nenhum problema atual com lesões que possam afetar a corrida.
2 = alguma dor durante as atividades, mas sem afetar significativamente o desempenho.
1 = o nível de atividade é afetado pela lesão.
0 = capaz de tolerar bem pouca atividade extenuante (aviso: se sua lesão for temporária, espere até que esteja curada antes de começar o programa; se for crônica, adapte o programa às suas limitações).

3. Doenças

3 = nenhuma doença no momento.
2 = alguns problemas durante a atividade, mas o desempenho não é significativamente afetado.
1 = o nível de atividade é afetado pela doença.
0 = capaz de tolerar bem pouca atividade (ver aviso em *lesões*).

4. Corrida mais recente

3 = mais de 15min corridos.
2 = 10 a 15min corridos sem parar.
1 = 10 a 15min.
0 = incapaz de correr mais de 5min sem parar.

5. Histórico em corridas

3 = treinei para corridas no ano passado.
2 = não treinei para corridas nos últimos dois anos.
1 = não treino para corridas há mais de dois anos.
0 = nunca treinei para corridas.

6. Atividades relacionadas

3 = participo regularmente de atividades de ritmo constante e prolongadas, como ciclismo, caminhadas em trilhas, natação.
2 = pratico regularmente esportes vigorosos de impulso e parada, como tênis, basquete, futebol americano.
1 = participo regularmente de esportes lentos como golfe, beisebol, futebol, treinos de força e flexibilidade.
0 = não participo atualmente de nenhum esporte ou programa de exercícios regulares.

7. Idade

3 = menos de 20 anos.
2 = 20 a 29.
1 = 30 a 39.
0 = 40 ou mais.

8. Peso

3 = no peso ideal.
2 = menos de 5kg acima do peso ideal.
1 = de 5 a 9kg acima do peso ideal.
0 = 9kg ou mais acima do peso ideal.

9. Freqüência cardíaca em repouso

3 = abaixo de 60 batidas por minuto.
2 = 60 a 69.
1 = 70 a 79.
0 = 80 ou acima.

10. Tabagismo

3 = nunca fumei regularmente.
2 = já fumei regularmente, mas parei.
1 = fumante ocasional.
0 = fumante regular.

PONTUAÇÃO

Pontuação total de 20 ou mais indica bom condicionamento para um corredor iniciante ou que retorna à atividade. Você talvez possa correr sem parar durante os períodos prescritos no programa deste capítulo (ver Lição 48) e ache que as primeiras semanas do programa são fáceis demais. Pode saltá-las, se desejar.

Pontuação entre 10 e 19 indica um condicionamento razoável para este estágio. Talvez você precise fazer alguns intervalos para caminhadas para concluir as corridas programadas.

Pontuação abaixo de 10 indica um condicionamento abaixo da média. Talvez você queira começar apenas caminhando, aumentando as sessões para 30min, antes de acrescentar qualquer período de corrida.

Lição 48: Plano Inicial

85-7241-641-2

É um programa de três meses para corredores iniciantes e que retornam à atividade. Alguns podem começar com mais que a semana 1 e saltar algumas semanas, ao passo que outros podem precisar repetir semanas. Use a Tabela 7.1 como orientação.

Instruções: Programe os dias de corrida como quiser, mas não tente correr mais que dois dias seguidos, nem tire mais que um dia de descanso entre as corridas. Encaixe a corrida normal do dia em uma sessão de, pelo menos, meia hora e caminhe o restante do tempo. Prolongue a corrida no melhor dia de cada semana em 5 a 10min – ou um quilômetro extra. Corra o que foi programado de uma só vez ou em intervalos mais curtos. Inclua

Tabela 7.1 – Para começar

Semana	Dias normais	Melhor dia (min)
1	3 dias de corrida de 10min	15
2	3 dias de corrida de 10min	15 – 20
3	3 dias de corrida de 10min	20
4	3 dias de corrida de 15min	20
5	3 dias de corrida de 15min	20 – 25
6	3 dias de corrida de 15min	25
7	3 dias de corrida de 20min	25
8	3 dias de corrida de 20min	25 – 30
9	3 dias de corrida de 20min	30
10	3 dias de corrida de 25min	30
11	3 dias de corrida de 25min	30 – 35
12	3 dias de corrida de 25min	35
13	3 dias de corrida de 30min	35

alguma atividade física – caminhada, ciclismo ou natação – nos dias em que não houver corrida.

Lição 49: O Vencedor em Você

Dizem que toda pessoa gorda traz dentro de si uma pessoa magra que luta para sair. Dentro de todo corredor iniciante ou que retorna à atividade aguarda um vencedor prestes a emergir. Uma recompensa oculta dessa atividade é a oportunidade, para qualquer não-atleta, de começar a vencer imediatamente e continuar vencendo indefinidamente.

O tempo e a distância deixam você vencer. Nenhum corredor, nem mesmo um campeão olímpico, pode vencer todo mundo o tempo todo. Ninguém pode quebrar o último e definitivo recorde. Mas cada corredor tem a chance de ir mais longe ou mais rápido hoje do que foi ontem.

Você não precisa ganhar de ninguém para vencer. Não tem que chegar a qualquer padrão arbitrário de perfeição, como terminar uma maratona ou fazer um quilômetro em cinco minutos. Você vence simplesmente melhorando seus próprios padrões, por mais humildes que possam parecer a princípio. E nunca suas oportunidades de melhorar o desempenho serão tão grandes quanto no começo. Nunca obterá tanto e tão rápido com tão pouco trabalho.

A típica curva de melhora no desempenho em corridas sobe mais nos primeiros meses, quando você pode apostar que dobrará suas distâncias e reduzirá seu ritmo em um minuto por quilômetro – sem um salto correspondente em esforço. Esse tipo de melhora equivale a vencer no sentido mais verdadeiro da palavra: o sentido pessoal.

CAPÍTULO

8

Programa de Condicionamento

Mantenha seu condicionamento aeróbico correndo menos de duas horas por semana.

Lição 50: Visão Geral do Condicionamento

Um dos melhores movimentos na história da corrida veio de fora da atividade tradicional. Foi o surgimento do triátlon, natação-ciclismo-corrida, no final da década de 1970 e seu significativo crescimento ao longo dos anos 1980. Antes, os corredores eram monoatletas, não praticavam nenhuma outra atividade física além de sua especialidade. Poucos praticavam ciclismo, nadavam ou mesmo faziam exercícios de fortalecimento e alongamento. Eles só corriam.

Os triatletas mesclaram atividades. Eles gozavam de um condicionamento geral melhor que o dos especialistas em corrida, assim como de maior imunidade às lesões. O termo *treino alternativo* (*cross-training*) nasceu com o novo esporte. Os corredores, mesmo que não participassem de um triátlon ou de um biátlon (bicicleta e corrida), agora tinham permissão para mesclar outros esportes com sua atividade principal. Andavam de bicicleta enquanto se recuperavam de lesões, em vez de tentar correr com elas. Nadavam um ou dois dias por semana em vez de correr todos os dias.

85-7241-641-2

Acrescentaram exercícios de alongamento para as pernas, cujos músculos ficam enrijecidos com a corrida e para fortalecer os braços, que são negligenciados na corrida.

Os corredores aprenderam que se um bom condicionamento geral é a meta, a corrida em si não a atingirá. Eles precisam complementá-la com outras atividades aeróbicas e suplementá-la com exercícios de força e flexibilidade. Se sua principal razão para correr for manter a forma, então comece com este componente. A fórmula FIT é simples: freqüência – 3 a 5 dias por semana; intensidade – um ritmo que lhe seja confortável; tempo – 20 a 30min cada dia.

Dê o toque final ao programa acrescentando alguns minutos de exercícios musculares na maioria dos dias. Nade, dê uma volta de bicicleta, faça *trekking cross-country* de esqui, ou simplesmente intercale um dia de caminhada entre as corridas, ou no lugar de uma ou outra corrida. Seu corpo irá agradecer pela variedade.

Lição 51: A Prescrição de Cooper

O ano de 1968 foi um divisor de águas para o condicionamento pessoal, bem como para a política global. Enquanto as guerras aconteciam no Vietnã e nas ruas da América, Kenneth Coooper – na época médico da força aérea – apresentou uma mensagem radical nas páginas de um livro chamado *Aerobics*. Ele exortava o leitor a sair para as ruas em busca da boa forma. Nós estamos sofrendo de inatividade, escreveu ele.

Correr é o meio mais eficiente de treinar aerobicamente, disse Cooper naquele livro. Uma breve corrida lhe dá o maior número de recompensas por minuto de tempo investido e ele afirmava que, quanto mais uma pessoa corresse, melhor ficaria seu condicionamento.

Olhando muitos anos para trás, para o primeiro *boom* das corridas que ele ajudou a inspirar, Cooper observou que havia cometido um erro ao não colocar um limite na quantidade de corridas. Ele disse que nós, corredores (ele mesmo era um de nós),podemos ficar com mais saúde e em melhor forma se corrermos menos. Escreveu pela primeira vez em seu livro de 1985, *The Aerobics Program for Total Health and Well-Being* (Programa aeróbico para saúde e bem-estar totais): "Pesquisas recentes mostraram que, a não ser que uma pessoa esteja treinando para maratonas ou outros eventos competitivos, é melhor limitar as corridas a 20 a 25km por semana. Mais que isso aumentará muito a incidência de lesões em ossos e articulações e outros males. Por outro lado, distâncias menores não conseguirão fornecer as melhoras desejadas ao corpo".

Cooper e sua equipe no *Aerobics Center*, em Dallas, estavam "estarrecidos" com os dados de pesquisas demonstrando a alta incidência de lesões em pessoas que corriam mais de 40km por semana. Embora um competidor possa voluntariamente correr os riscos associados com distâncias maiores, Cooper argumentava que correr mais que o seu limite de 24km/semana poderia render, a princípio, resultados não tão bons em termos de condicionamento e, mais tarde, até mesmo resultados negativos em forma de problemas médicos. Para não-competidores estabeleceu mínimos e máximos: não menos que 3km três vezes por semana e não mais que 5km em cinco dias.

John Duncan, associado de Cooper no *Aerobics Center*, observou que pessoas que corriam de 5 a 8km por semana "apresentam o mesmo risco de desenvolver um problema cardíaco que uma pessoa que corre 130km por semana". Cooper concordou e acrescentou: "Se você correr mais que 24km por semana, estará correndo em busca de alguma outra coisa que não o condicionamento físico".

É claro que muitos de nós corremos por razões muito boas, além da forma. A boa forma, como disse George Sheehan, "é um estágio que você atravessa no caminho de se tornar um atleta". Cinco quilômetros podem ser o limite máximo para a absoluta segurança. Mas também podem ser o *menor* limite para treinar para corridas – assim como para a corrida tranqüila, recreativa, que nos liga firme e permanentemente à corrida. Cinco quilômetros ou menos, tomados dia sim, dia não, como se fossem uma prescrição, deixarão você em boa forma. Cinco quilômetros ou mais, tomados quase todo dia, farão de você um corredor completo.

Se você quiser perder alguns quilos ou evitar um ataque cardíaco na meia-idade, observe a prescrição de Cooper. Mas se quiser experimentar tudo o que a corrida tem a oferecer, precisa correr mais. Cinco quilômetros são mais ou menos o ponto em que a corrida deixa de ser simplesmente um exercício e passa a ser um esporte, deixa de ser algo que se faz para tonificar o corpo e passa a ser um veículo para explorar os limites das capacidades.

85-7241-641-2

Se você quiser explorar um pouco, olhe realisticamente para os esforços que isso exigirá e o preço que poderá custar. Esteja ciente de que competir não tem nada a ver com a boa forma do modo como Cooper a define. Quando se treina para competir já não se está correndo apenas para perder peso e manter o coração em forma (embora ainda se obtenham esses benefícios). Você estará treinando principalmente para se imunizar contra os estresses da corrida, a fim de que eles não lhe causem muitos danos.

O treino para competições exige algumas corridas difíceis porque é difícil competir. É preciso ensinar a si mesmo como correr mais longe e mais rápido do que seria confortável. Se isso lhe interessar, falaremos sobre como fazê-lo na maioria dos próximos capítulos. Mas se seu interesse for puramente a corrida para manter a forma, você nunca precisará treinar mais que duas horas por semana e nunca correr além de seu limite de conforto, nem em distância, nem em velocidade.

Figura 8.1 – Você não precisa correr uma maratona para manter a forma. Uma corrida de lazer com um amigo três vezes por semana pode ajudá-lo a obter e manter um bom nível de condicionamento.

85-7241-641-2

Lição 52: Exercícios Extras

"Quando um corredor começa a treinar", disse George Sheehan, o melhor conselheiro-médico desse esporte, "três coisas podem acontecer aos músculos e duas delas são ruins". O bom efeito é que os músculos mais diretamente envolvidos no movimento da corrida ficam mais eficientes. Mas os dois outros efeitos podem trazer problemas. Sheehan identificou-os como encurtamento dos músculos fortalecidos com perda de flexibilidade e enfraquecimento dos músculos opostos, relativamente sem uso.

Isso não acontece de uma vez só. Você provavelmente não tenha nenhum desses problemas nos primeiros meses de corrida. Entretanto, os efeitos são cumulativos e corredores podem ficar cada vez mais rígidos e sem equilíbrio muscular, a não ser que alguma providência corretiva seja tomada. Correr, em si, não leva ao condicionamento total.

Alguns músculos das pernas se tornam superfortes, enquanto os opostos não se desenvolvem tão bem – se é que se desenvolvem. Por exemplo, braços, ombros, peito, costas e músculos abdominais de um corredor não chegam a fazer muito esforço, mas simplesmente acompanham o passeio enquanto se corre. A falta de flexibilidade é um problema notável para corredores que treinaram durante muito tempo. O esporte enrijece os músculos da parte de trás das pernas, expondo-os, e também os tendões, a distensões que poderiam não ocorrer se eles se mantivessem flexíveis.

85-7241-641-2

Ironicamente, alguns dos corredores em distância mais condicionados têm menos probabilidade que os não-atletas de passar em testes simples de força e flexibilidade, como levantar uma grande porção de seu peso corporal, fazer uma série de abdominais ou curvar-se para tocar o chão com os dedos das mãos sem dobrar os joelhos. Esses atletas precisam alargar o escopo de suas atividades. Talvez todos nós precisemos.

Comentário de Corrida: Encarando o Calor

Quase 37°C. Faltavam duas horas. Não era uma corrida longa, mas uma viagem mediana de carro, no calor do dia. Eu a fiz como qualquer um faria – com os vidros fechados e o ar condicionado forte. Eu não gostava de viajar assim, tão desligado do clima externo, mas precisava manter minhas roupas frescas e minha mente clara para uma palestra na Portland Marathon Clinic.

Fico dividido em relação ao AC, que além de ar condicionado pode significar artificialmente congelado. É a melhor e a pior coisa que aconteceu aos verões americanos. Ele nos ajuda a trabalhar durante mais tempo em ambientes internos durante o dia e a dormir melhor à noite, mas seu preço é deixar-nos mais fracos para o calor.

O ar condicionado ainda não surgira nos anos em que eu crescia em Iowa. Alguns cinemas tinham sistemas primitivos de resfriamento, mas nenhuma loja ou café os tinha. Nenhuma casa em que eu tenha morado ou carro que me levasse oferecia qualquer coisa mais fresca que o ar que um ventilador ou uma janela aberta pudessem conseguir da natureza. Não me lembro de que o calor do Iowa tenha nos retardado muito. Em meus primeiros anos, eu brincava na rua o verão todo com meus amigos. Tirávamos sapatos e camisetas quando passávamos aqueles meses nas ruas e nos parques.

Mais tarde, corri durante os verões. Em certos dias, eu tirava toda a roupa menos os *shorts* – sempre sem sapatos ou camisetas – e treinava descalço na grama do campo de golfe. As ruas me forçavam a calçar sapatos, mas eu usava pouco mais que isso. Corredores quase nus não eram uma visão comum em Iowa no começo da década de 1960. Uma vez um policial me parou para fazer perguntas quando eu corria num parque ao longo de um rio. “Tivemos denúncias de um exibicionista e você se enquadra na descrição”, disse ele.

Naquela época eu corria durante o calor do meio-dia. Não conhecia horário melhor. Três da tarde sempre foi o horário de treino na escola e isso continuou ao longo do verão. Então nos mudamos para a costa oeste e, finalmente, para o Oregon. A natureza aqui fornece o ar condicionado a maior parte do tempo, na forma de brisas frescas que vêm do Pacífico.

Os verões no Oregon são o sonho de um corredor, com temperaturas altas de, em média, 26°C e um frio durante a noite de 10°C. Não encontrei, em minhas viagens, nenhum clima de verão melhor que esse. No entanto, essas condições deixam um morador do Oregon tristemente despreparado para as raras ondas de calor, aqui ou em outra parte. Para aumentar o problema, tenho esse hábito de correr às sete da manhã, o que faz do meu horário um dos mais frescos do dia. A essa hora vejo dezenas de outros corredores nas ruas e trilhas.

Outro hábito meu é dar uma passada de carro pela melhor pista de corridas de Eugene quando saio, para ver quem está por lá. Quanto mais quente o dia, menor o número de corredores. Quando a temperatura passa um pouco dos 32°C, a Trilha da Amazona fica vazia. Os corredores, aparentemente, lêem e acatam o aviso meteorológico de "evitar atividades físicas extenuantes ao ar livre" em dias assim. Depois de uma curta onda de calor, uma carta ao editor surgiu num jornal local. O autor acusava técnicos e pais de "abuso infantil" por fazer com que as crianças jogassem bola nesse calor. Esta é uma idéia equivocada, porque as crianças se adaptam àquilo que recebem, assim como os adultos.

85-7241-641-2

O corpo humano tem um grande talento para adaptação. Exponha-o a condições difíceis e ele constrói imunidade contra elas. Isso é conhecido como *efeito-treino* e uma de suas definições é *use-o ou perca-o*. Esconder-se do calor faz com que você fique destreinado para ele. Estou treinado para correr apenas durante manhãs de verão a 10 a 15°C, mas meu desempenho é fraco fora desse limite estreito. Coloque-me em uma corrida de verão em Kansas City e me verá transpirar e sofrer.

Quanto mais você ficar refestelado no conforto do ar condicionado, menos agüentará o calor. Pense nisso como o oposto do efeito-treino.

Lição 53: Atitudes Equilibradas

Para entender os benefícios dos exercícios suplementares, primeiro você precisa saber o que eles não são. Eles não são diretamente ligados ao desempenho e não são a melhor maneira de se aquecer. Você se torna um corredor melhor quando treina mais sua corrida, não erguendo pesos como um atleta do levantamento de peso. Você se aquece melhor para correr quando caminha e depois corre tranqüilamente durante os primeiros 10min ou mais, não se alongando durante horas como um iogue.

Então por que, você poderia perguntar, seria aconselhável fazer exercícios de fortalecimento e flexibilidade? Em uma palavra, *equilíbrio* – atingir uma paridade entre força e flexibilidade e entre o desenvolvimento da parte inferior do corpo, que trabalha duro e a parte superior, que acompanha tranqüilamente.

- **Exercícios de força.** Correr é, em si, uma forma de treinar com peso, já que você levanta o peso de seu corpo cerca de 1.500 vezes por 1,6km. As pernas, portanto, não requerem muita atenção extra. Mas os efeitos da corrida sobre a parte superior do corpo são nulos, de modo que, se não quiser acabar com os braços fininhos e com os músculos do abdômen parecidos com os de uma galinha depenada, precisa adotar o hábito regular do fortalecimento muscular.

Escolha exercícios simples que possa fazer em casa sem ter de encontrar uma academia, comprar equipamentos caros ou usar um tempo que seria mais bem gasto em corrida. Poucos minutos darão atenção à metade do corpo que a corrida ignora. Os exercícios mais simples são as flexões e abdominais fora de moda, ainda bastante eficazes. Séries diárias de flexões normais e de abdominais com as pernas dobradas, seja qual for a quantidade que puder tolerar, manterão você respeitavelmente forte. Se quiser mais desenvolvimento, passe para exercícios mais exóticos e séries com pesos.

Uma última observação sobre outro tipo de equilíbrio, ligado à prevenção de lesões: como os músculos da parte dianteira das pernas não se desenvolvem durante a corrida tanto quanto os posteriores, você pode começar a sentir dores na parte da frente das pernas e nos joelhos. Uma maneira simples de fortalecer esses músculos é sentar-se em uma mesa com as pernas balançando, prender um peso nos pés e erguer repetidamente as pernas. Isso ajuda os músculos dos joelhos para cima. Para a parte inferior, flexione o calcanhar para cima e para baixo com o peso fixado no pé.

85-7241-641-2

- **Exercícios de alongamento.** Um grande avanço na teoria do treino foi a grande popularidade do que chamamos de alongamentos estáticos. Eles consistem em movimentar-se lentamente até o ponto de desconforto, depois manter a posição por vários segundos. Os alongamentos estáticos diferem dos tradicionais exercícios calistênicos dinâmicos, tanto no estilo, quanto no efeito. Os movimentos calistênicos são ativos e podem chegar a agravar o enrijecimento que deveriam evitar. O alongamento estático solta gentilmente os músculos.

O alongamento tem a finalidade de se contrapor aos efeitos enrijecedores da corrida e é, portanto, melhor praticá-lo imediatamente *depois* de terminar uma corrida, e não antes de começar. Os músculos respondem melhor ao alongamento depois de aquecidos. Novamente, escolha exercícios

Figura 8.2 – Um bom alongamento depois de correr pode ajudar a manter os músculos flexíveis.

com senso prático. Encaixe-os em suas atividades de desaquecimento. Encontre alongamentos que não exijam aparato e para os quais não precise deitar no solo frio, úmido ou irregular. Cinco minutos por dia deixarão você flexível depois da corrida.

85-7241-641-2

Lição 54: Esportes Suplementares

Nem todo mundo nasceu para ser um corredor em tempo integral, vitalício e não é preciso ser um deles para manter a forma. Mesclar e combinar esportes pode produzir resultados semelhantes, contanto que os exercícios sejam aeróbicos e aplicados regularmente durante períodos adequados de tempo. Kenneth Cooper, o pioneiro da aeróbica, disse: "Os melhores exercícios são corrida, natação, ciclismo, caminhada, corrida estacionária, handebol, basquete e *squash* – mais ou menos nesta ordem".

Correr é um jeito rápido e prático de conseguir a cota de exercício aeróbico recomendada por Cooper. Mas existem outras boas abordagens para chegar ao mesmo objetivo. Podemos juntar às outras atividades que ele citou o esqui *cross-country*, o *snowshoeing* e a corrida aquática com flutuadores.

O padrão mínimo de Cooper para a boa forma é de 30 pontos aeróbicos por semana. Um quilômetro e seiscentos metros em 8min equivalem a 5 pontos e 9,6km equivalem a 30 pontos semanais (o ritmo conta na escala de Cooper; 1,6km em 6min lhe dá 6 pontos e 1,6km em 10min, 3 pontos). Os equivalentes aproximados de 1,6km em 8min (5 pontos) para outros exercícios: nadar 550m em 15min; andar de bicicleta por 5km em 20min; caminhar 5km em 40min; corrida estacionária por 12min e meio; jogar handebol durante 35min.

Um corredor com uma leve lesão sensível demais para tolerar muito impacto, mas não grave o bastante para muletas, pode pedalar para conseguir seus pontos. Outro pode substituir por natação ou corrida na água em uma tarde quente e úmida. Os benefícios aeróbicos do esqui *cross-country* são quase idênticos aos da corrida e deslizar pela neve é mais agradável do que correr nela. Misture e combine atividades dia a dia, ou de acordo com a estação. O corpo requer e passa a exigir atividade contínua, mas não é muito exigente quanto ao tipo específico.

Lição 55: Opções Aeróbicas

Kenneth Cooper prescreve para corredores que desejam condicionamento uma sessão de três a cinco quilômetros. Um quilômetro em 6 minutos equivale a um período de exercícios de 20 a 30 minutos. Correr, entretanto, não é uma exigência. Você pode substituir ou suplementar a corrida com outros exercícios aeróbicos. A Tabela 8.1 lista as equivalências aproximadas em termos de esforços e benefícios, adaptadas de acordo com as recomendações de Cooper.

Tabela 8.1 – Equivalências dos exercícios

Atividade e distância (se for o caso)	Período de tempo igual à corrida de 20 a 30min
Corrida 3 – 5km	20 – 30min
Ciclismo 10 – 13km	20 – 30min
Patinação 10 – 13km	20 – 30min
Natação 800 – 1.100m	20 – 30min
Esqui *cross-country* 3 – 5km	20 – 30min
Corrida/caminhada 3 – 5km	30 – 45min
Dança aeróbica	30 – 45min
Remo	30 – 45min
Caminhada 3 – 5km	40 – 60min
Jogos ativos	40 – 60min

Observe que o ciclismo, a patinação, a natação e o esqui *cross-country* equivalem exatamente à corrida em termos de eficiência, contanto que os níveis de esforço sejam compatíveis. Caminhar leva quase o dobro do tempo para produzir benefícios semelhantes aos da corrida. Jogos ativos são futebol, basquete, handebol e raquetebol e apenas o tempo gasto em movimento conta pontos para o total.

85-7241-641-2

CAPÍTULO

9

Programa de Velocidade

Aumente o ritmo de suas corridas como treino preliminar para futuras corridas de curta distância.

Lição 56: Visão Geral da Velocidade

A corrida para manter a forma é um ponto final para muitos corredores. Uma rápida melhora física é tudo que eles querem da atividade. Uma corrida de 20 a 30min em dias alternados é tudo de que precisam. Correr é simplesmente o exercício que fazem.

Outros, porém, vêem a corrida para manter a forma como ponto de partida – como uma fase de introdução ou aquecimento. Chegam ao estágio em que as corridas de meia hora são fáceis e pensam: estou pronto para a formatura. Para aonde irei agora?

A pós-graduação em corrida pode estender a fórmula FIT em qualquer uma das três direções possíveis: corridas mais freqüentes, mais intensas ou mais tempo nas ruas. Seu foco, no momento, é o segundo fator: como correr mais rápido. Suas corridas já não representam o desafio que um dia representaram e você quer acrescentar um elemento competitivo aumentando o ritmo. Ou irá enfrentar sua primeira corrida e quer ter certeza de que estará pronto para acompanhar o ritmo de uma competição organizada de 5km, ou já terá competido mas está preso ao mesmo ritmo de suas corridas de treino e quer escapar dessa sina.

Seja qual for a razão para querer ir mais rápido, o conselho é o mesmo: acrescente alguns trabalhos de velocidade, que por definição significam

85-7241-641-2

trabalhar mais, mas não brutalmente. Você não precisa de uma pista, não precisa adotar treinos de intervalos complexos ou demorados e, certamente, não precisa correr rápido todas as vezes.

Até mesmo 1,6km rápido por semana – corra em uma pista se for fácil, mas qualquer percurso mensurável serve – se encaixa muito bem no programa que você já segue. Esse quilômetro pode oferecer uma estimulante mudança de ritmo, tanto no sentido literal quanto no figurado. Estimula melhoras de velocidade e tira você da rotina de um único ritmo. Os corredores mais lentos que fizeram menos trabalhos de velocidade respondem mais rapidamente à menor quantidade deles.

Lição 57: O Plano Mais Veloz

Escolha uma competição de 5km como alvo e dê a si mesmo um mês para se preparar para ela com o programa da Tabela 9.1. Se estiver correndo cerca de meia hora por vez – como foi prescrito no programa da Lição 48, essa distância agora é rotina, de modo que o evento será um teste de velocidade. Melhore sua velocidade correndo 1.600m em três fins de semana seguidos. Tente correr o primeiro deles um minuto por 1,6km mais rápido do que nos outros dias e tenha por objetivo diminuir o tempo a cada semana antes dos 5km. Faça corridas de aquecimento e desaquecimento mais fáceis durante esses dias.

85-7241-641-2

Tabela 9.1 – Preparação para a competição de 5km por diversão

Semana	Dias normais	O grande dia
1	3 – 4 dias de corridas de 30min	1.600m
2	3 – 4 dias de corridas de 30min	1.600m
3	3 – 4 dias de corridas de 30min	1.600m
4	3 – 4 dias de corridas de 30min	Competição de 5km por diversão

Lição 58: Aumentar a Velocidade

A diferença entre correr e competir não se mede apenas em termos de uma inscrição e do tamanho da multidão, mas também pelo esforço e ritmo. Você trabalha mais em uma competição do que em corridas diárias porque todo mundo ao seu redor está fazendo a mesma coisa; a multidão vai empurrando você. Se seu trabalho estiver rendendo como deveria, você correrá bem mais rápido do que correria em suas corridas diárias, sozinho.

Assim como sua capacidade de percorrer distâncias maiores aumenta rapidamente nos primeiros estágios de um programa de corrida, também

Figura 9.1 – O esforço que você coloca nos treinos semanais renderá frutos quando se preparar para correr.

seu talento de competidor dará grandes saltos à medida em que treine e corra mais rápido. A velocidade aumenta ainda mais rapidamente que a resistência e com doses de treino muito menores e menos freqüentes.

Como um competidor novato, você pode quebrar recordes pessoais, um atrás do outro, aplicando a velocidade em apenas um dia da semana. Isso pode ser em forma de uma competição real, na qual você é recompensado imediatamente por seu investimento em esforço e ritmo. Mas, provavelmente, você precise suplementar seu cronograma de competição com o treino semelhante à competição, em que a grande recompensa é

85-7241-641-2

adiada até o dia de competir. Seja como for, um dia veloz por semana é o suficiente em termos de trabalho de velocidade para todos os atletas, exceto os mais sérios.

A melhor maneira de checar seus avanços é testando a si mesmo repetidamente com a mesma distância. A distância mais provável de uma competição serão 5km, as mais disputadas. A razão para tal popularidade talvez seja ser exatamente a distância mais apropriada para o maior número de corredores. Os 5km não são mais que a dose diária de treino para a maioria de nós, o que faz com que a competição seja curta o bastante para se tornar atraente. Conseguimos melhorar a velocidade por meio de técnicas aprendidas pela repetição, tanto em treinos particulares quanto na pista pública de competição.

Comentário de Corrida: Os Mais Rápidos

A milha foi meu primeiro amor. Meus primeiros heróis corriam uma milha (1,6km). O primeiro autógrafo que consegui foi de Wes Santee. Roger Bannister fez com que eu quisesse romper uma milha em oito minutos, depois que ele conseguiu fazê-la em quatro. Minha primeira corrida cronometrada foi de uma milha, assim como minha primeira competição. A milha foi o caminho mais curto a me levar para o sucesso como corredor.

Meu amor pela milha nunca se esgotou, mas parei de praticá-la. Ao final dos anos 1980 eu nunca competia em velocidade e tinha me tornado a maravilha do ritmo único – um corredor com um único ritmo lento para treinos e competições, para 10km e maratonas. Um dos corredores mais velozes que já conheci, Dick Buerkle, e uma das mais lentas que conheci naquela pré-corrida/caminhada, Marlene Cimons, mostraram o caminho para uma mudança simples. Dick uma vez bateu o recorde para 1.600m em ginásios e acompanhou dois times olímpicos nos 5.000. Marlene, uma repórter do *Los Angeles Times*, era uma corredora de ritmo único.

Dick sabia tudo sobre trabalho de velocidade. Mas ele também era um corredor raro em seu nível e sabia como conversar com corredores que não eram. Ele escreveu um pequeno artigo no *Runner's World* sobre melhorar a velocidade em competições de rua. Venho falando sobre ele desde então como o *plano 1-1-1*: *uma* milha (ou 1.600m), *um* minuto mais rápido que seu ritmo diário (e só existe um para a maravilha do ritmo único), *um* dia por semana.

Marlene leu este conselho e tentou o 1-1-1. Ela não passava dos 52min para 10km, em um ritmo de 8,5min. Sua primeira tentativa de correr uma milha em 7,5min fez com que se sentisse péssima. "Minha volta pela pista parecia um bamboleio desengonçado", ela contou. "Meus pulmões ardiam".

Eu disse a ela que isso era bom. É assim que nos sentimos quando estamos aprendendo uma nova tarefa. A milha ficaria mais fácil – e mais

85-7241-641-2

rápida. É um dos poucos momentos da vida em que você consegue progressos sem trabalhar mais, à medida que a postura entra nos eixos e a respiração fica mais fácil.

Depois de um mês de milhas semanais, Marlene correu outra competição de 10km. Seu tempo: 48:30, um recorde pessoal de menos 3:30min – ou um progresso de mais de meio minuto por milha com um investimento de apenas uma milha rápida por semana.

Meu novo investimento começou no verão de 1988, quando reentrei na milha como uma espécie de competidor. Minha cidade natal realiza uma série de encontros informais, cada um deles começando com uma milha. Na primeira semana, os líderes chegaram uma volta à minha frente e o esforço necessário para conseguir em 6:15 me doeu um bocado. Sabendo que a dor iria diminuindo à medida que meu tempo melhorasse, corri toda a série de sete encontros e caí para 5:44. Progresso total do verão: 31 segundos.

85-7241-641-2

Minha última competição de rua antes dos encontros na pista havia sido de quatro milhas em um ritmo de 7:15. Depois daquilo, a primeira foi de cinco milhas, em um ritmo de 6:50 – uma redução de 25s, em uma distância um pouco maior e sem nenhum esforço extra. A experiência me convenceu a recolocar uma milha cronometrada em minha rotina, de modo regular e permanente.

Hoje, a milha não é para competição. Nunca tento dar tudo de mim em uma milha, mas mantenho um ritmo honesto, mais rápido que o normal, que geralmente fica em torno de sete, que é, por acaso, o tempo que fiz em minha primeira milha cronometrada, aos 10 anos, em resposta à primeira milha em menos de quatro minutos de Roger Bannister. Cada nova milha mantém viva uma velha história de amor.

LIÇÃO 59: ENSAIOS PARA A COMPETIÇÃO

Teste é um termo geral que abrange corridas-treino não habituais. Os testes podem ser mais longos que o normal, ou mais rápidos – o que quer que o prepare para os esforços anormais de uma competição. Estes são ensaios para competição e, por necessidade, são ainda mais difíceis que a própria competição. Testes longos imitam a distância da competição, mas em ritmo mais fácil. Testes rápidos preparam você para a velocidade total da competição, mas por distâncias menores.

O teste longo tem que ter, no mínimo, a duração da mais longa competição de que você planeja participar, mas em ritmo de um minuto a menos por quilômetro. Por exemplo, se você é um corredor que faz 10km em 50min, testaria a si mesmo correndo pelo menos durante 50min, mas talvez apenas 8,5km.

Figura 9.2 – A preparação para uma competição requer treinos em distância e velocidade.

85-7241-641-2

O teste rápido tem que ser, no mínimo, no mesmo ritmo da competição mais curta de que você planeja participar, mas não será maior que metade dessa distância. Digamos que seu menor limite seja 5km, que você consegue fazer em 24min. Este é um ritmo de 4:48 por quilômetro). Você faria seu teste nesse ritmo, mas o treino rápido não excederia 2,5km.

A idéia, então, é reunir os dois fatores – distância total e velocidade total – na competição, que é onde importam. Os testes são específicos para competições. Eles o preparam para uma única competição ou uma série de distâncias. Mais adiante discutiremos como pode se preparar especificamente para as distâncias curtas (o Cap. 12 trata dos 5km e dos 10km), distâncias médias (o Cap. 13 trata da meia-maratona) e longas distâncias (o Cap. 14 é sobre a maratona).

Por enquanto, sua tarefa é simples. Você precisa apenas aumentar visivelmente o ritmo para os 5km. Mais tarde, pode tentar formas mais sofisticadas de teste. Aqui estão dois que diferem das distâncias e ritmos de suas corridas diárias:

- *Dobro do tempo*: até duas vezes sua média diária de distância no ritmo normal de treino. Se você geralmente corre meia hora em ritmo de 10min por 1,6km, teste-se correndo até uma hora nesse ritmo.
- *Metade mais rápida*: não mais que a metade de sua média diária, um ou dois minutos mais rápido que seu ritmo normal de treino. Se você costuma correr meia hora em ritmo de 6min/km, diminua para 15min em ritmo de 5 a 5:30min/km).

85-7241-641-2

Figura 9.3 – Procure uma competição com grande número de inscritos para sua estréia. A energia da multidão ajudará a levar você adiante.

Tanto nos testes longos quanto nos rápidos, considere a possibilidade de usar os intervalos. O treino de intervalo sempre permite que você corra mais longe e mais rápido do que, de outra forma, conseguiria ou desejaria. Os intervalos podem ser especialmente valiosos quando você está entrando nos níveis mais avançados de distância e velocidade – digamos, quando mais que duplicou o tempo normal de treino ou fez mais que 1:30min/km mais rápido que seu ritmo habitual de treino.

- *Testes extralongos*: fazer pausas para andar pode dobrar sua maior distância sem interrupções com pouco aumento de esforço. Exemplo: a competição será meia-maratona e o tempo de teste que você pretende é de duas horas. Corra 10min, pare ou ande durante um minuto e repita isso por todo o período programado.
- *Testes extra-rápidos*: misturar porções mais rápidas com caminhadas de recuperação, no modo clássico de treino com intervalos, permite que você corra mais rápido do que conseguiria em uma corrida ininterrupta pela mesma distância. Corra uma volta rápida, depois ande alguns minutos sem marcar o tempo. Repita isso até que tenha corrido quatro voltas, correndo um tempo cumulativo para 1,6km, sem contar os intervalos.

Lição 60: Dicas para Novatos

1. Escolha uma grande competição de rua – quanto maior, melhor. Assim, terá a certeza de ter a companhia de centenas, se não milhares, de novatos como você. A euforia da multidão irá carregá-lo.
2. Evite competições em pistas ou trilhas. Elas são pequenas e importantes, e a experiência de correr sozinho e se dar mal pode fazer com que você desanime para sempre das competições.
3. Faça parte dessa competição, mas não corra para *vencer*. Corra para concluir na sua primeira vez e não para se esforçar até seu absoluto limite. Faça dela seu evento de estréia e procure quebrar um recorde da próxima vez.
4. Não corra distâncias maiores que as que você percorreu durante os treinos. Se até agora treinou no máximo 5km, faça disso seu limite para competições, por enquanto.
5. Não faça nada de novo no dia da competição. Use os tênis e as roupas que você sabe serem confortáveis e coma (ou não) como costuma antes de qualquer corrida.
6. Vá para a competição com alguém mais experiente. Este é um esporte totalmente novo e um pouco assustador para você e alguém que já fez isso antes, pelo menos uma vez, pode lhe dar tranqüilidade.

85-7241-641-2

7. Comece no meio da multidão ou mais para trás. As pessoas importantes se alinham na frente e se afastam da linha de partida muito rapidamente, colocando qualquer um que esteja no caminho deles sob risco.
8. Comece devagar (na verdade, você não terá muita opção em uma corrida com muita gente). Deixe que os mais rápidos se distanciem. Muitos deles voltarão para perto de você mais tarde, quando é muito mais divertido ultrapassar do que ser ultrapassado.
9. Conte seu tempo, já que os tempos oficiais nessas competições costumam ser imprecisos. Dispare seu cronômetro quando cruzar a linha de partida, não quando soar o tiro. Os segundos ou minutos gastos se atrapalhando na partida não devem contar pontos contra você.
10. Seja gentil. Um pouco de empurra-empurra é inevitável em competições grandes, mas a etiqueta do esporte desaprova ziguezaguear como um doido entre o tráfego humano, passar à frente de outros corredores ou abrir caminho a cotoveladas para conseguir uma posição melhor.

Lição 61: Etiqueta das Competições

As corridas de rua a cada ano ficam mais populares. E nenhuma competição atrai mais gente que aquelas mais curtas para competição, as de 5km. É comum que atraiam milhares de corredores, algumas chegam a 10.000 deles. Sempre que esse número de pessoas se ajunta, por qualquer motivo, problemas podem facilmente ocorrer se as regras não forem seguidas. Aqui estão algumas regras tradicionais para competições de rua, bem conhecidas e muito observadas por corredores habituais. Espera-se que os novatos aprendam e sigam tais regras.

- **Antes da competição**. Se você não se inscreveu em uma corrida, não a corra. Não seja um bandido que rouba o espaço de corredores que pagaram por ele. Não comece nenhuma competição que não planeje concluir. Faça seu treino para distâncias parciais em algum outro lugar, onde não prejudique o esforço total de outros. Deixe as crianças e os cães na lateral. Corredores-mirins e animais em coleiras criam perigos para os corredores ao redor. Aprenda o que significam os avisos de ritmo-por-milha na linha de partida (que não significam a velocidade em que você correria uma única milha (1,6km) em seus sonhos, mas a média que se espera que você seja capaz de atingir ao longo de toda a corrida) e coloque-se em uma posição adequada. Use seu número na frente da camiseta ou dos *shorts*. Nas costas, só para a pista. Nunca comece adiante da linha de partida, misturando-se à multidão quando ela alcançar você. Nunca comece antes do tiro oficial,

85-7241-641-2

ganhando os créditos para um tempo menor do que o que você realmente conseguiu.

- **Durante a competição.** Corra em linha reta sempre que possível. Lembre-se das aulas de geometria, sobre a distância mais curta entre dois pontos. Olhe antes de mudar de direção e não troque de faixa a não ser que esteja pelo menos dois passos à frente do corredor mais próximo. Olhe também antes de cuspir ou assoar o nariz. Se você fizer pausas para andar novamente, olhe para trás antes de parar. Ande pelo lado direito da rua, preferivelmente sobre a calçada ou acostamento. Não corra ao lado de mais que um companheiro. Não crie uma barreira particular de rua para os corredores atrás de você. Carregue seu próprio saco de lixo se você levou barras ou géis para consumir ao longo da competição (os copos de água não são de sua responsabilidade, já que a organização os fornece). Diga aos seus torcedores para ficar fora da pista. Instrua amigos e parentes para não entrarem na competição para abraçá-lo ou correr em sua companhia.
- **Depois da competição.** Atravesse a linha de chegada, depois continue andando ao mesmo tempo em que continua em seu lugar na ordem de chegada. Não saia pela lateral, atrapalhando todos os resultados. Leve apenas a quantidade de comida ou bebida para o final da competição que você ache que conseguirá consumir na hora. Não faça um estoque, como se estivesse em uma liquidação de supermercado. Não reclame com os voluntários sobre a organização do evento; eles estão apenas fazendo o que lhes mandaram em um trabalho humilde, que não recebe gratificações. Leve sua reclamação ao diretor da competição – de preferência por escrito, depois que ambos estiverem livres do calor do dia da corrida.

85-7241-641-2

Lição 62: Recordes Pessoais

Para o corredor, RP não significa relações públicas, nem uma ilha no Caribe. Significa recorde pessoal e pode representar o maior avanço da história nesse esporte. Houve um tempo em que a corrida escolhia seus vencedores, como em qualquer esporte. A primeira pessoa que chegava, vencia – e todos os outros perdiam. O vencedor – e apenas o vencedor – podia abrilhantar o próprio desempenho estabelecendo um recorde regional, estadual, nacional ou mundial. A invenção do cronômetro digital de pulso, entretanto, fez de cada corredor um vencedor em potencial.

Surgia então um meio pessoal, porém objetivo, de avaliar o sucesso e o progresso. Não dependia de derrotar alguém, mas unicamente da comparação entre os números mais recentes e os anteriores no cronômetro.

Orgulhe-se de seu RP, mas não tanto que o queira preservar. Seus recordes, como todos os recordes, foram feitos para ser rompidos. Ninguém pode rompê-los por você e ninguém mais pode tirá-los de você. O RP é o único prêmio de competição que realmente significa alguma coisa. Certificados e camisetas são entregues a qualquer um que pague a inscrição, mas os recordes precisam ser conquistados. Eles não vêm automaticamente; precisam ser vencidos em uma corrida contra o relógio e contra aquele que você era antes. Você vence a corrida contra o tempo do jeito que os atletas o fazem: preparando-se bem e competindo com inteligência.

Você já treinou, você já correu em suas competições de estréia. Agora, o que pode fazer para aumentar a quantidade de ases na manga para a competição que lhe garantirão segundos extras no visor do relógio digital?

85-7241-641-2

- **Escolha boas corridas**. É melhor competir mais seriamente na primavera e no outono, quando o clima provavelmente esteja mais favorável para conseguir bons tempos (os corredores experientes preferem temperaturas por volta de 10°C). Escolha um percurso plano e certificado, o que indica que ele passou por rígidos testes de mensuração e com certeza não será muito comprido ou muito curto.
- **Evite multidões**. Para melhores resultados, encontre uma competição com 100 ou menos corredores por quilômetro (máximo de 500 em uma corrida de 5km; até cerca de 4.000 em uma maratona, quando corredores têm mais distância para se distribuir pela rua). Competições superlotadas são engarrafamentos humanos que lhe custam um tempo precioso, ao passo que eventos menores permitem que você comece a correr quando o tiro for disparado e siga uma linha reta.
- **Compita**. Perceba que sua colocação, no final das contas, não significa nada, mas ainda assim use as pessoas à sua frente como alvos móveis. Depois de passada a confusão inicial, quando os corredores da frente tiverem estabilizado o ritmo, ultrapasse uma *vítima* depois da outra.
- **Corte as curvas**. Não corra como se estivesse dirigindo, mantendo-se sempre na pista da direita e fazendo curvas comportadas. Os percursos de corrida são medidos ao longo da rota mais curta que um corredor possivelmente percorresse e você se prejudica quando se desvia desse caminho.

CAPÍTULO

10

Programa de Distância

Aumente a distância de suas corridas como um passo na direção de futuras competições de longa distância.

Lição 63: Visão Geral da Distância

A velocidade é finita. Você pode aumentá-la muito, com certeza, e pode continuar correndo cada vez mais rápido durante uma década mais ou menos, não importando quantos anos tenha quando comece a correr. Mas a velocidade atinge um limite e não pode aumentar mais. Se você correr o bastante durante um número suficiente de anos, chegará a um ponto em que seu ritmo começa a diminuir.

A distância, contudo, é praticamente ilimitada. Não importa quanto talento você tenha, não importa quantos anos você já tenha corrido, não importa quão antigos sejam seus recordes pessoais, a possibilidade de cobrir distâncias maiores ainda existe. Isso ajuda a explicar o apelo da maratona. Os corredores de primeiro ano podem se orgulhar de terminar uma corrida no dobro do tempo dos líderes e os corredores mais antigos podem ficar contentes por percorrer a distância em uma hora a mais que seu RP.

Nem todos os corredores podem ir mais rápido, mas praticamente qualquer um pode ir mais longe. Não é uma questão de talento, mas sim de ritmo, paciência e persistência.

As possibilidades de cobrir uma distância cresceram muito nos últimos anos, graças às mudanças de atitude e de abordagem. A maratona engatilhou as duas mudanças. Ela possibilitou a entrada do maior número

85-7241-641-2

de novatos até então, acolhendo não apenas os puristas, mas também aqueles que não se importam em mesclar um pouco de caminhada para conseguir concluir o percurso. Os limites de encerramento das corridas subiram de quatro horas para cinco, seis ou mais.

Andar deixou de ser um palavrão e passou a ser uma técnica aceita em distâncias mais longas. Fazer pausas para andar, no começo e com freqüência, fez com que mais pessoas conseguissem percorrer distâncias maiores. Uma maratona, por exemplo, tornou-se menos intimidante quando se pensava nela não como uma distância de 42km, mas como uma longa série de corridas de intervalo de 10min com pausas entre elas. Você não precisa ser um maratonista para usar esse truque. Ele funciona em qualquer distância mais longa que o normal.

Lição 64: Aumentar a Distância

Aqui apresentaremos você à maratona, porém rapidamente. Se você estiver apenas começando a cogitar uma corrida além do programa básico de meia hora por dia, não recomendamos que salte imediatamente ao treino para a distância de 42km. Mas pode obter inspiração e aprendizado dos maratonistas enquanto aumenta suas distâncias.

Apesar de uma certa desvalorização das distâncias percorridas que aconteceu durante o *boom* da corrida, a maratona continua sendo o Monte Everest do esporte – um pico que todo corredor sonha escalar pelo menos uma vez. Se você ainda não chegou ao topo, essa montanha é uma subida mais acessível do que poderia imaginar. Se você conseguir realizar uma competição de 10km, com pouco mais de alguns meses de treino, conseguirá lidar com os 32km extras.

85-7241-641-2

Isso já não parece muito audacioso. Mas parecia na década de 1970, quando dois médicos de Honolulu, Jack Scaff e John Wagner, inventaram a clínica de treino para a maratona. A maratona de Honolulu era naquela época, e ainda é, uma das maiores do país. Outras maratonas são maiores, mas a característica marcante de Honolulu era o grande número de principiantes. A maioria deles era graduada da Clínica para Maratonas.

Começando em março, centenas de futuros maratonistas se reuniam todos os domingos para aulas de corrida e uma corrida-treino. Eles não eram veteranos acostumados ao esporte; quase todos eram corredores novos ou novatos que nunca tinham corrido mais que 10km. A clínica gabava-se de que 98% das pessoas que completavam o programa terminavam a maratona de Honolulu.

Essa clínica existe até hoje e dezenas de outras, semelhantes, surgiram em outras áreas. A maioria das grandes maratonas oferece, hoje, seus próprios programas para desenvolver os corredores. Muitos outros grupos seguem o princípio de Jeff Galloway, ex-corredor olímpico e colunista da

85-7241-641-2

revista *Runner's World*. Atividades em grupo para obtenção de fundos entraram agora na moda, como o *Team in Training*, que beneficia as pesquisas sobre leucemia. Tais grupos fornecem aconselhamento e apoio da equipe em troca de doações de caridade.

Os treinos oferecidos por esses grupos são muito diferentes daqueles que os corredores de longa distância geralmente fazem. Esses programas não vêem quantos quilômetros os corredores conseguem somar em uma semana, programando poucos dias de folga, ou nenhum. Eles não exi-

Figura 10.1 – Aumentar a distância das corridas pode ajudá-lo a se preparar para uma maratona.

gem uma longa corrida todo fim de semana, ou uma semilonga durante a semana. Não colocam ênfase primária na velocidade com que o percurso é corrido. Nem mesmo insistem que a pessoa corra durante todo o tempo.

Em vez disso, os novos programas pedem distâncias totais relativamente pequenas. Encorajam dias de folga. Normalmente marcam uma corrida longa somente a cada duas ou três semanas. Enfatizam a conclusão da corrida. Permitem paradas para andar. Você pode aplicar todos esses truques ao seu programa de distância, seja qual for sua meta atual para distâncias.

Você pode ver as possibilidades da maratona em um futuro não muito distante. Mas primeiro, se você estiver hoje no esquema meia-hora-por-dia, concentre-se em duplicar sua distância mais longa. Trabalhe até chegar a uma hora de corrida e até ser capaz de concluir uma competição de 10km. Depois pode começar a dar os passos na direção de uma maratona (explicada com mais detalhes no Cap. 14).

Comentário de Corrida: Começar a Parar

Minha história nas ultracorridas – eventos que superam a distância de uma maratona – é tão pouco emocionante quanto antiga. Inclui, sempre no começo da década de 1970, uma tentativa de correr 160km e duas competições abandonadas de 80km. A corrida mais longa que consegui terminar foi de 50km e isso foi durante a presidência de Nixon.

Minhas memórias das ultramaratonas são boas, contudo, e longas. Como já tentei corrê-las, sempre admiro o esforço que envolvem. E sempre serei grato a um ultramaratonista por ter me ensinado como andar. Tom Osler deu permissão a todos os corredores para fazer intervalos para andar e nos mostrou como, em seu *Serious Runners Handbook*. Eu editei esse livro, mas mesmo antes já havia experimentado a técnica de quebrar a distância mais longa em pequenos pedaços.

O que me convenceu de que a corrida com intervalos funcionava foi uma competição de 1971, em Rocklin, Califórnia. A distância era de 160km, mais longa que qualquer distância que eu jamais correra em *uma semana*, e agora eu tinha um único dia para terminá-la. Eu não acabei, mas consegui percorrer 120km. Esta não apenas continuaria sendo a mais longa corrida de minha vida, como também contribuiria fortemente para minha melhor semana. A "ultra" seria no sábado e, no domingo anterior, eu havia corrido uma maratona. As outras corridas na semana anterior (eu nunca saltava um dia naquele tempo) aumentavam o total da semana para 176km, 48km a mais do que qualquer outra época antes ou depois daquela.

Voltando ao dia dos 120km: eu não estava particularmente cansado – ou dolorido – naquele momento. Mas já estava na rua há 14h, eram duas da manhã, não havia ninguém à vista e eu não via muito sentido em dar mais voltas naquele percurso de 4km. Quando disse ao inspetor que esta-

85-7241-641-2

85-7241-641-2

va prestes a sair, ele comentou: "O que você quer dizer com desistir? Você só tem mais 48km pela frente!". Aqueles 48 teriam sido quase a mesma coisa que minha corrida longa da semana anterior. Mas embora esses 160km abreviados tenham sido um fracasso num sentido, em outro abriram meus olhos de três maneiras:

1. Era evidente que essa era duas vezes a minha distância mais longa, mais 13km. Essa corrida mais longa de todas também foi a primeira em que usei o descanso intencional durante o percurso (o termo intervalo para andar não cabe aqui, porque foram verdadeiras *paradas*, de cerca de 1min a cada 1.600m. Eu perambulava no lugar por alguns minutos e depois recomeçava a correr exatamente onde havia parado.
2. A recuperação desses 120km foi mais rápida do que eu jamais conseguira depois de competições convencionais com menos da metade dessa distância. No dia seguinte, foi mais grave a perda de sono que as dores nos pés e nas pernas.
3. Meu ritmo de corrida se manteve muito melhor durante a competição do que se eu tivesse corrido sem parar. A média foi de cerca de 4:40 por quilômetro, ou 40 segundos a menos por quilômetro que na maratona da semana anterior.

Essa experiência com a ultramaratona fez de mim um crente em intervalos para sempre. Por fim, graças à influência de Tom Osler, cheguei às corridas-caminhadas que hoje promovo e pratico. Nunca tentei acertar os detalhes que faltaram naquela competição de 160km. Meu limite máximo, agora, são as maratonas e ainda estou aplicando as velhas lições nessas mini-ultras.

Lição 65: Fórmula 30-60

Aqui vai uma sugestão simples para encaixar a corrida em sua rotina com freqüência e por longo tempo: corra grandes distâncias, mas não grandes demais – o bastante para sentir que conseguiu alguma coisa, mas não tanto que correr se torne um segundo emprego. Na maioria dos dias, 30min serão o suficiente para a primeira exigência e 60min são a linha divisória entre trabalho suficiente e excessivo, como padrão de treino. Só pare com menos de meia hora se estiver com lesão, doente ou se planejou um dia de folga. Faça mais de uma hora somente se estiver se preparando para uma competição com essa duração e, mesmo assim, não mais que uma vez por semana.

A fórmula 30-60 baseia-se em uma lógica que examinaremos em instantes. Mas antes vamos ouvir os difamadores da fórmula – os defensores da boa forma que acham que até meia hora é muito para a corrida diária e os atletas sérios, que afirmam que uma dieta contínua de corridas de 30 a 60min é inadequada.

Os seguidores da Escola Kenneth Cooper de Distância Limitada argumentam que mesmo distâncias menores podem ser excessivas, especialmente se praticadas sem, pelo menos, dois dias de descanso por semana. Correr tudo isso, todos os dias, é um convite às lesões, avisam. Entretanto, corredores adeptos de treinos com longas distâncias riem do limite de uma hora. Depois de ler o conselho dos 30-60 em um artigo de revista, um atleta escreveu: "O treino sugerido não é realista. Embora eu concorde que os dias de recuperação sejam necessários, não acredito que um dia intenso por semana seja treino suficiente". Ele afirmou que a maioria dos corredores *bons a excelentes* passa de uma hora, pelo menos a cada dois dias.

As recomendações aqui caem entre dois extremos. Muitos corredores – e quase todos que já participam de competições – querem, precisam e conseguem correr regularmente meia hora ou mais. No entanto, poucos podem tolerar corridas repetidas de mais de uma hora. Para corredores veteranos, as corridas de 30min em ritmo modesto são quase tão fáceis quanto descansar – e a opção mais agradável. Essa corrida é, em si, uma forma de recuperação ativa do trabalho intenso.

Treinos muitos longos e muito rápidos – e, lógico, a competição em si – são o trabalho intenso. Exatamente por essa razão, uma série de corridas fáceis deve separar as difíceis. Não nos recuperamos da noite para o dia, e adiamos nossa recuperação quando tentamos correr uma distância muito longa no momento errado. Um ou no máximo dois dias intensos numa semana são estresse suficiente para todos os corredores, exceto os mais jovens e os mais fortes.

O britânico Ron Maughan, fisiologista do exercício e articulista sobre corridas, lidou com a questão dos índices de recuperação depois de diversas quantidades de corridas. Revendo um estudo holandês que usava ratos como sujeitos na avaliação dos graus de danos musculares, Maughan observou: "O exercício não era muito intenso e corresponderia a uma sessão bastante moderada (para seres humanos)". Os resultados do estudo indicaram que as corridas de 30min em esteira não causaram problemas visíveis, enquanto sessões de 60min produziram sinais significativos de danos musculares. A cura começou no terceiro dia depois da ocorrência do trauma e se completou alguns dias depois.

85-7241-641-2

Essas experiências com ratos de laboratório conferem apoio científico aos argumentos de que corridas de 60min machucam e corridas de 30min não machucam e que cada dia de dor deve ser seguido por muitos dias de descanso. É importante observar, aqui, que cura não é necessariamente sinônimo de descanso (embora os dias de descanso sejam importantes, como se verá adiante, na Lição 67). O que realmente acontece é que você evita causar mais danos a si mesmo enquanto se recupera.

Lição 66: Andar

Andar. Um ato simples e nobre que não é suficientemente respeitado e praticado pelos corredores. Muitos se recusam a acreditar que a palavra pertence ao seu vocabulário, ou a ação ao seu programa. Estão errados. Embora muitos corredores ainda igualem andar a desistir e abandonar a corrida, muitos outros descobriram que esse ato pode fazer pequenos milagres. Caminhadas escolhidas podem nos permitir ir mais longe e mais rápido do que de outra forma iríamos – e com menos dor e pouco aumento de esforço.

Tom Osler, um dos primeiros defensores da caminhada para corredores, escreveu em seu *Serious Runner's Handbook* que qualquer corredor pode duplicar imediatamente sua maior distância sem intervalos sem dobrar o esforço. O truque, escreveu ele, era repartir a corrida com intervalos de 5min de caminhada. Depois que o conselho de Osler apareceu em um artigo de revista sobre treinamento para maratonas, recomendando uma fórmula de 25min de corrida e 5min de caminhada, um leitor formulou três perguntas:

- Existe alguma coisa especialmente sagrada nesse misto de 25-5 nos treinos mais longos?
- Em que ponto (se há algum) começamos a parar de usar os intervalos para andar?
- Se a corrida mais longa de uma pessoa antes de uma maratona inclui caminhadas regulares, isso significa que ela deve andar durante a maratona?

O editor prefaciou sua resposta dizendo ao leitor para pensar na caminhada como *trabalho de intervalo na longa distância*, um termo mais aceitável para muitos corredores do que *andar*. O treino de intervalos é uma prática comum nesse esporte e em outros. O propósito dos intervalos é cortar um grande pedaço de trabalho em porções menores, mais administráveis. Nesse caso, os intervalos permitem que se cubra uma distância maior em ritmo mais forte do que se conseguiria correndo sem interrupções. Depois, vieram as respostas às perguntas específicas do leitor:

- A fórmula 25-5 não é pétrea. A experiência ensinou a Osler que o intervalo de 5min é longo o bastante para fornecer alguma recuperação, mas não tão longo que tenha o efeito de enrijecer. Suas tentativas e erros podem obter outros resultados. A freqüência desses intervalos depende da freqüência que você acha que precisa (nos últimos anos, um intervalo de 1min a cada 10min tornou-se praticamente um padrão entre corredores-caminhantes que treinam para maratonas e as completam).

- Vá parando de usar os intervalos somente quando puder correr confortavelmente o tempo integral de sua próxima competição e puder se recuperar rapidamente do esforço do treino (muitos maratonistas mais lentos e que treinam menos intensamente nunca chegam a esse ponto).
- Em dias de treinos longos, você ensaia a distância da competição, sem fazer o esforço integral da competição. Interrupções para andar – ou intervalos – facilitam essa carga de trabalho. Guarde a experiência da distância total e do ritmo total para o dia da competição, quando você poderá, se preferir, começar com toda a intenção de correr cada passo (novamente, alguns corredores-caminhantes preferem não abandonar o hábito que os trouxe até aqui).

Lição 67: Dias de Descanso

Se você correr uma distância substancial todos os dias da semana, um número cada vez maior de vozes cheias de autoridade lhe dirá que está procurando encrenca.

- **Item**: apresentamos mais uma vez a advertência de Kenneth Cooper de que qualquer pessoa que corra mais de 25km por semana – e mais que cinco dias por semana – o faz por sua conta e risco.
- **Item**: um estudo da Universidade do Arizona inferiu que qualquer pessoa que corra com um grau incomum de constância e comprometimento apresenta tendências pouco saudáveis de obsessão-compulsão.
- **Item**: a autoridade da medicina esportiva Gabe Mirkin comentou que a corrida pode ser *um exercício extremamente perigoso* e que *se você correr todos os dias estará indo de encontro a um desastre.*
- **Item**: provas obtidas do melhor laboratório sobre fisiologia dos EUA, na Universidade Ball State, mostraram que as pessoas que continuam treinando logo após uma competição levam mais ou menos o dobro do tempo para se recuperar do que aquelas que descansam completamente por alguns dias.

A maioria de nós já passou do estágio de correr puramente pela boa forma; no entanto, precisamos nos manter com saúde se quisermos continuar correndo. É difícil manter o equilíbrio. Cinco quilômetros podem ser o limite

Figura 10.2 – Um dia ocasional de descanso o ajudará a reduzir riscos de lesão e a obter mais de seu treino regular.

máximo para a manutenção da saúde, como disse Kenneth Cooper. Mas também podem ser o limite mínimo dos treinos para competições e para nos mantermos firmemente ligados ao esporte. Os primeiros 30min de uma corrida, disse George Sheehan, são para seu corpo e o tempo extra é para sua mente. A primeira parte é um aquecimento para a melhor parte.

Cerca de 5 km são o ponto aproximado em que o exercício se torna um esporte. E correm-se riscos calculados em nome do esporte. Só para que você não pense estar sendo aconselhado a correr riscos tolos, lembre-se do conceito de *difícil-fácil* de Bill Bowerman. Alternar trabalho e recuperação é básico em qualquer programa inicial de corrida. Cada dia de trabalho intenso deve ser seguido por, no mínimo, um dia fácil, provavelmente vários.

Para George Sheehan, a palavra fácil significa descanso total. Houve um tempo em que ele achava ser preciso treinar todo dia. Para manter essa rotina, ele se limitava a cerca de 8km por dia. Qualquer coisa além disso o deixava cansado e dolorido o tempo todo. Os desempenhos de Sheehan em competições estacionaram, depois começaram a cair. Ele era, acima de tudo, um competidor e não agüentava ver seu tempo caindo. Então tentou descansar um dia por semana. Sentiu-se melhor e pensou "por que não dois dias?". Sentindo-se melhor ainda, tirou mais um dia do treino para ver o que acontecia – e depois mais um.

O que aconteceu primeiro no programa final de Sheehan, de três dias por semana, foi que ele conseguiu correr mais durante cada um dos treinos. Não só duplicou sua média de distância como aumentou o ritmo naquelas que se tornaram suas corridas de terças e quintas. O segundo efeito foi que suas corridas semanais começaram a satisfazê-lo novamente. Com 60 anos, Sheehan correu sua maratona mais rápida, 3h01min, treinando menos de 50km por semana. Isso é a corrida difícil-fácil em seu extremo.

Se agüentar esperar 48 a 72h entre corridas, você possui um grau incomum de paciência. O ponto, aqui, não é que você deveria descansar mais dias que correr. É que um dia ocasional de descanso não é uma penalidade, ou um sinal de fraqueza. É um investimento em corridas mais longas, mais rápidas, melhores, nos dias em que você correr. Quanto mais longas as suas corridas (e quanto mais velho o corredor), mais longo o período de recuperação posterior. O modo mais rápido de se recuperar é descansando.

Lição 68: Plano para Ir mais Longe

Estabeleça como meta uma competição de 10km para diversão e passe um mês se preparando para ela. Se tem corrido uma média de 30min – como recomenda o programa da Lição 48 – essa distância de 10km é quase duas vezes a que você faz agora. Aumente as corridas em três fins de semana seguidos sem se preocupar com o ritmo. Acrescente intervalos para andar, se preciso, dando pausas de cerca de um minuto depois de cada 5 a 10min de corrida. Consulte a Tabela 10.1 para se preparar.

85-7241-641-2

Tabela 10.1 – Preparação para uma corrida-diversão

Semana	Dias normais (30min)	Grande dia
1	3 – 4 dias	40 min
2	3 – 4 dias	50 min
3	3 – 4 dias	60 min
4	3 – 4 dias	10km de corrida-diversão

PARTE

3

Treinar para Competir

Por que competir? Por várias razões. Uma delas é que tira você de seus arredores, onde as corridas podem ter se tornado monótonas e previsíveis. Também retira você de sua zona de conforto, para distâncias e lugares que rendem maior sensação de conquista.

85-7241-641-2

CAPÍTULO

11

Escolher as Competições

85-7241-641-2

Planeje de quais eventos irá participar, bem como treinar para eles e quais serão suas táticas.

Lição 69: Visão Geral da Competição

Por que competir? Aparentemente, competir é trabalho pesado e isso pode machucar. Esse trabalho não acrescenta muito ao seu condicionamento e pode prejudicá-lo ao causar uma lesão. Correr com outras pessoas assistindo pode ser embaraçoso e isso também pode machucar você.

Então, novamente, por que competir? Por várias razões. Uma delas é que tira você de seus arredores, onde as corridas podem ter se tornado monótonas e previsíveis. Também retira você de sua zona de conforto, onde faltam testes para seu corpo e sua vontade. Praticar para a competição o leva a distâncias e ritmos que rendem maior sensação de conquista.

A competição em si coloca você na linha – não só a linha de largada, mas a linha vermelha de suas capacidades, aquela que você não consegue ultrapassar sem quebrar. A competição é o teste final para seu treino e sua vontade.

Você não faz esse teste sozinho, e sim na companhia de centenas ou milhares de corredores como você. Não está competindo com eles, está cooperando. A competição não é com os outros, mas com a distância, o percurso, as condições e a voz interior que implora para que você vá mais devagar. Todos os outros na competição estão sendo testados da mesma maneira. Vocês empurram e puxam uns aos outros, e correm juntos.

Isso resulta numa corrida melhor que aquela que qualquer um teria conseguido sozinho. Você pode ir mais longe, mais rápido, ou ambos, em uma competição do que faria em seus treinos, porque o dia da competição é mágico. Ninguém torce por você quando está correndo sozinho ou em seu percurso diário. Ninguém lhe passa bebidas ou lê seus tempos. Ninguém lhe dá uma medalha ou uma camiseta ou petiscos ao final. Ninguém dá um tapinha nas suas costas suadas e diz "boa corrida". Uma vez que tenha experimentado a mágica do dia da competição, não precisará mais perguntar "por que correr?"

Lição 70: Testar Tudo

Tomara que todas as suas surpresas nos dias de competição sejam agradáveis! A melhor surpresa que pode fazer a si mesmo é correr mais longe ou mais rápido – ou ambos – do que em qualquer outra oportunidade, ou pelo menos mais do que na última vez. No entanto, até mesmo esse tipo de resultado não deve ser muito surpreendente. Afinal de contas, você não treinou com o propósito de melhorar? Você ensaiou de antemão os estresses da competição para que eles não sejam um choque ruim no dia da corrida. Você testou separadamente a distância e o ritmo da competição. Testes longos (com duração aproximada à da competição, mas geralmente em ritmo menos intenso) já o deixaram familiarizado com a sensação de percorrer a distância integral. Testes rápidos (corridos no ritmo da competição, mas por metade da distância da competição ou menos) já o apresentaram aos mecanismos de se mover a toda velocidade. Agora você está pronto para reunir os dois fatores na competição em si.

Mas o assunto dos testes não se encerra com distância e ritmo. Esses ensaios se prestam a muitos outros propósitos, todos elaborados para imunizar o corredor contra surpresas desagradáveis. Bem pouco daquilo que lhe acontece no dia da competição deveria estar acontecendo pela primeira vez. Não simule a competição apenas em treinos de maior distância e velocidade. Imite o dia todo. Comece como na noite anterior ao evento, comendo e dormindo como faria se estivesse prestes a competir e continue fazendo de conta que está competindo até se reabastecer e descansar no final. Preste atenção especial ao seguinte:

- **Quando testar.** A maioria das competições de rua, por razões práticas de tráfego e temperatura, começa cedo ou no meio da manhã. O horário poderá lhe trazer problemas se não costuma estar totalmente desperto até o meio-dia, ou se geralmente não corre até o entardecer.

Você não tem como mudar o horário do início, portanto é necessária uma mudança pessoal no dia do teste. Por mais desagradável que seja, saia da cama duas horas mais cedo do que o habitual e, se possível, tome uma chuveirada antes de correr para ajudar no processo de despertar.

Corredores matutinos enfrentam um outro tipo de problema nas raras ocasiões em que essas competições são marcadas para a tarde ou para o entardecer. Você não está acostumado a esperar o dia inteiro para correr, não está acostumado a planejar as atividades do dia em torno de uma corrida e, acima de tudo, não está adaptado às temperaturas mais quentes da tarde. Adie seus testes até a hora do dia em que a competição será realizada, para poder passar por todas essas condições e achar maneiras de lidar com elas.

- **O que usar**. A regra principal é não usar nada de novo no dia da competição. Isso se aplica especificamente ao item mais crítico de seu equipamento, os tênis. A tentação é correr com tênis leves, achando que cada miligrama de peso a menos se converterá em minutos e segundos a menos. Isso pode ser verdade na teoria. Na realidade, você está abrindo mão de proteção e acrescentando uma boa dose de estresse por impacto. Todos os ganhos em tempo podem ser cancelados por dores musculares, na melhor das hipóteses e lesões, na pior delas. Quando estiver aumentando a distância, a velocidade ou ambas, fique com o par de tênis no qual você sabe que pode confiar. Guarde os experimentos para os dias normais de treino.

A regra *nada de novo* também se aplica às roupas. Vista-se para o teste exatamente como faria para uma competição. Vista menos roupa, e não mais, mantendo em mente que as temperaturas aparentes aumentam automática e significativamente quando começa a correr. Se você estiver se sentindo confortável na linha de partida, é porque logo estará muito quente.

- **Onde testar**. A familiaridade cria confiança. Se souber o que esperar de um percurso de competição, ficará mais confiante de correr bem. Teste a si mesmo no próprio percurso ou em uma simulação razoável dele. Encontre a superfície, o terreno e os arredores mais parecidos possíveis com os do dia da competição. A familiaridade também cria competência.

Lição 71: Horas Finais

Você acorda, faz uma pausa nesse começo de dia e diz a si mesmo que é um dia como outro qualquer – 24 horas de duração, com os mesmos nascer e pôr-do-sol de sempre. Você se diz essas coisas para ficar calmo, mas não está funcionando. Você sabe que hoje é O Dia, o dia da competição, o dia que antecipou e temeu. Você fez uma promessa a si mesmo sobre esse dia, há semanas ou meses. Você contou os dias à medida que se preparava para isso. Você vai entediar seus parentes e amigos com as histórias de tudo o que fez hoje.

Mas o que você *vai* fazer hoje? Não tem como saber até que tenha terminado a competição, então você espera... e imagina... e se preocupa. Você sente a forte necessidade de fazer alguma coisa, qualquer coisa, mas não sabe bem o quê. O desconforto o leva a se movimentar a esmo, à confusão e aos erros. Como não quer gastar seus movimentos nem cometer erros hoje, precisa de um plano. Faça um plano antes que chegue o grande dia, e que seja simples o bastante para que você o siga automaticamente nas últimas horas – uma ocasião em que não tem certeza de se lembrar como amarrar os cadarços.

1. **Levante cedo**. Talvez você pule da cama direto para uma corrida nos outros dias, mas não deve competir assim. Corre o risco de sofrer lesões quando está enrijecido ou dolorido; você certamente gasta muito tempo. Sendo a maioria das competições marcadas para a manhã, levante-se horas antes do horário da competição, mesmo que isso signifique levantar-se de madrugada. Dê uma caminhada e tome uma ducha para acordar e se soltar. Você não vai sentir falta das horas perdidas de sono se isso significar ganhar algum tempo na competição.
2. **Fique perto de um banheiro**. Seu encanamento interno está duas vezes mais movimentado que o normal. Essa atividade extra é uma parte natural do dia da competição, portanto não se preocupe com a quantidade. Apenas se certifique de que há algum lugar para se livrar disso. Você não quererá levar para a linha de largada qualquer coisa que possa querer sair de você enquanto corre.
3. **Comer é opcional**. Faça aquilo que normalmente faz. Se você costuma correr 8 a 12h depois da última refeição, pode competir sem comer. Se estiver acostumado a comer antes de correr, coma aquilo que saiba possa tolerar. Deverá ter em mente, porém, que tudo que estiver fazendo é para preencher um espaço vazio; tão perto da corrida não ganhará muita energia nova.
4. **Beber é essencial**. Mesmo nos dias frios os corredores perdem líquidos em velocidade espantosa. Isso começa antes da competição. Você já poderá ter perdido cerca de um litro de líquido quando começar. A perda de líquido durante a corrida é inevitável, mas não precisa deixar que ela leve vantagem. Beba até a linha de largada, certificando-se de estar repondo boa parte daquilo que seus nervos estão desperdiçando. Tome goles pequenos e com freqüência.

85-7241-641-2

5. **Chegue cedo, se for dirigindo.** Conheça o caminho, encontre alguém para levá-lo e se permita uma grande margem de erro. Se precisar viajar por mais de uma hora no dia da competição, planeje um tempo extra depois de chegar para sacudir o que estiver travado pela viagem. Dê a si mesmo uma hora além do tempo necessário para assinar sua inscrição e aquecer.
6. **Assine logo sua inscrição.** Parte de ser um competidor é agüentar as esperas frustrantes enquanto os oficiais cuidam da papelada. Espere na fila assim que puder, e o mínimo necessário. Escolha um momento em que o grupo seja pequeno, entre na menor fila, depois se apresse para ir a um lugar mais calmo (muitas corridas hoje permitem que você cuide desse assunto antes do grande dia, como na exposição pré-competição. Esta é a melhor hora para assinar sua inscrição).
7. **Experimente o percurso.** Ande ou apenas fique parado olhando partes do percurso, mas não corra nele no dia. O dia da competição é tarde demais para um passeio completo. Sua confiança já está bem abalada, sem precisar expô-la a cada quilômetro e subida. As distâncias parecem duas vezes maiores e as subidas duas vezes mais íngremes, como parecerão quando estiver correndo; portanto, guarde essas experiências para mais tarde. Apenas saiba onde fica a linha de largada e descubra exatamente como deve terminar a corrida, quando a exaustão o pode confundir. Saiba onde estarão os pontos de controle de horário e as estações de socorro.
8. **Evite as multidões.** Parte do aquecimento para uma competição consiste simplesmente em pensar nela. Você pensa melhor sozinho. Se tiver tempo antes de chegar e fazer seu *check in*, isole-se o mais que puder e descanse. Quando começar a parte ativa do aquecimento, também faça isso sozinho. Mesmo que não queira estar sozinho, outros talvez queiram. Respeite a privacidade deles.
9. **Comece aquecido ou fique frio.** A escolha depende da distância que você irá correr. Quanto mais curto e rápido o evento, mais você deve correr antes de começar a competição. Quanto mais longa, de menos corrida preliminar você precisa. Antes de uma competição de 1.600m, por exemplo, faça o que equivale a uma corrida normal diária, pare por alguns minutos para andar e se alongar, depois faça duas ou três acelerações breves na velocidade máxima de competição. No entanto, se a corrida for uma maratona, fique frio. Não faça aquecimento. Comece a correr – devagar – no tiro de largada e use os primeiros quilômetros para se aquecer. Começar frio ajuda a resistir à tentação de que sofre a maioria dos maratonistas: começar rápido demais.
10. **Lembre-se de que um pouco de medo é bom.** Faz com que a adrenalina circule e isso permitirá que você corra mais longe e mais rápido do que conseguiria se estivesse perfeitamente calmo.

85-7241-641-2

Figura 11.1 – Saber o que o espera antes de ir à competição pode ajudar a aliviar parte do nervosismo pré-competição.

85-7241-641-2

Comentário de Corrida: Recompensas Justas

Pergunte aos corredores por que escolheram participar de uma competição específica e o tipo de recompensa recebida aparecerá lá no final da lista de razões. Ou pelo menos esta não é uma preocupação muito grande para qualquer um, exceto para os corredores de elite que correm pelos prêmios em dinheiro. A maioria de nós vê primeiro a localização e a tradição do evento, o tamanho e a velocidade do percurso. Mas se as recompensas não ocupam um dos primeiros lugares entre as razões para participar de uma competição, elas estão no topo, ou perto do topo, na lista das maneiras para se lembrar dela.

Enquanto escrevo hoje, uso uma camiseta da maratona Royal Victoria. Perto da minha mesa está pendurada uma medalha do George Sheehan

Classic de 1994. Em uma caixa do outro lado do aposento está uma coleção de prêmios de corrida, incluindo um colar de conchas colocado em meu pescoço na maratona de Honolulu de 1992. E, sim, no andar de cima há uma gaveta com mais camisetas do que eu poderia contar. Quando a gaveta transborda, dou as velhas de presente, mas o número ainda é impressionante. Cada camiseta representa uma competição completa. Quanto mais difícil é a competição, mais tempo guardo a camiseta que me lembra aquele esforço. As camisetas de maratonas são sempre as últimas a ir embora.

A camiseta tornou-se o meio mais comum de recompensar corredores nos EUA. Freqüentemente, é o único meio. Não me lembro exatamente quando começou essa tradição, mas sei que talvez nunca termine. Alguns corredores reclamam que já têm camisetas demais e não precisam pagar por mais uma. Algumas competições oferecem uma taxa de inscrição reduzida para corredores que optam por não receber a camiseta. Mas a grande maioria das competições americanas oferece essas camisetas porque os corredores as pedem. A camiseta é o modo de o corredor dizer depois, em suas corridas de treino ou idas ao supermercado, "vejam o que eu fiz". Os patrocinadores das competições também gostam de suas camisetas porque são um meio altamente visível e de longa duração para anunciar.

A camiseta veio para ficar. Mas os eventos mais criativos inventam algumas variações sobre o tema. Alguns se afastam da camiseta comum de mangas curtas oferecendo mangas compridas ou regatas, ou até mesmo um moletom ocasional para correr no inverno. Algumas camisetas se tornam obras de arte. A *Runner's World* realiza uma disputa anual de melhores desenhos de camisetas. Sabe-se de corredores que costuraram as suas camisetas preferidas para fazer uma manta de retalhos.

85-7241-641-2

Poucas competições se atrevem a operar sem camisetas. No entanto, algumas podem oferecer prêmios adicionais. A Corrida de Hospital Hill em Kansas City entrega *shorts* de corrida. A Maratona de Honolulu presenteia com os colares de conchas e medalhas de cerâmica. A Okanagan International oferece meia medalha para seus meio-maratonistas.

A maioria dos eventos dá algum tipo de medalha ou certificado a todos os finalistas. Uma das minhas medalhas mais queridas é a do Sheehan Classic, com um relevo do falecido médico-escritor num dos lados e uma de suas frases do outro. Também tenho predileção especial pelo certificado de minha primeira maratona, Boston 1967.

Esses prêmios foram obtidos com as taxas de inscrição. Outras recordações podem ser compradas nas exposições das competições. Elas vão de casacos a chapéus, canecas, fotos pessoais ao longo do percurso ou no final. Todas ajudam a manter vivas as memórias da competição. Mas suvenires que podem ser comprados nunca têm o mesmo valor que os prêmios que precisam ser conquistados.

Lição 72: Distâncias das Competições

Quase todas as competições de rua hoje em dia usam o sistema métrico, de modo que, se você cresceu com o sistema de milhas, precisa aprender a interpretar essas distâncias. A Tabela 11.1 mostra os eventos mais comuns e suas equivalências em milhas. Um quilômetro equivale a 1.000m ou 0,62 milha. Uma milha são 1.609m ou cerca de 1,6km.

Tabela 11.1 – Equivalência metros/milhas

Competições em distâncias métricas	Equivalentes no sistema de milhas
1.500m (1,5km)	0,93
3.000m (3km)	1,86
5.000m (5km)	3,11
8.000m (8km)	4,97
10.000m (10km)	6,21
12km	7,46
15km	9,32
20km	12,43
Meia-maratona (21,1km)	13,11
25km	15,54
30km	18,64
Maratona (42,2km)	26,22
Distâncias de competições em milhas	**Equivalentes métricos**
1	1,609m (1,61km)
2	3,218m (3,22km)
5	8,045m (8,01km)
10	16,09km
20	32,18km

Lição 73: Tempos Iguais

Você pode predizer com bastante precisão como será sua corrida em uma determinada distância sem tê-la corrido recentemente. Pode basear a previsão em competições de distâncias diferentes. O ritmo evidentemente é menor à medida que aumenta a distância da competição e maior, se a distância diminuir. Mas quais aumentos ou diminuições são normais? Uma boa regra geral é multiplicar ou dividir por 2,1 para cada dobro ou metade da distância. Se você correr 5km em 20min, por exemplo, pode esperar correr 10km em 42min – e vice-versa (supondo-se que você tenha treinado igualmente bem para as duas competições).

Para estimativas mais exatas do potencial de tempo em competições, use a distância da corrida mais recente e aproximada daquela que você pretende correr em seguida (Tabela 11.2). Multiplique o tempo da distância

85-7241-641-2

Tabela 11.2 – Previsões de tempos de corrida

Distâncias comparadas	Multiplique ou divida por
5 – 8km (ou 5 milhas)	1,66
5 – 10km	2,10
8 (ou 5 milhas) – 10km	1,28
5 milhas (ou 8km) – 10 milhas	2,10
10 – 12km	1,22
10 – 15km	1,55
10km – 10 milhas	1,66
10 – 20km	2,10
12 – 15km	1,42
15 – 10 milhas	1,08
15 – 20km	1,36
15km – meia-maratona	1,45
15 – 25km	1,74
10 milhas – 20km	1,28
Distâncias comparadas	**Multiplique ou divida por**
10 milhas – meia-maratona	1,35
10 milhas – 25km	1,62
20km – meia-maratona	1,06
20 – 25km	1,28
Meia-maratona – 25km	1,20
Meia-maratona – maratona	2,10
25 – 30km	1,22
25 – 20 milhas	1,31
25km – maratona	1,76
30km – 20 milhas	1,07
30km – maratona	1,45
20 milhas – maratona	1,35

85-7241-641-2

mais curta pelo fator indicado para projetar o tempo para a distância mais longa. Divida o tempo da distância mais longa pelo fator indicado para projetar o tempo para a distância mais curta. Todos os fatores foram baseados em uma típica diminuição de 5% no ritmo quando a distância duplica.

Lição 74: Ritmo da Competição

Mesmo que você tenha feito tudo certo durante os treinos, pode cancelar tudo aquilo com um único erro no dia da competição. O primeiro erro, e o pior, é sair muito rápido da linha de largada. A histeria da multidão e seu próprio sistema nervoso em polvorosa conspiram para mandá-lo para a competição como se tivesse sido disparado por um canhão.

Tente trabalhar contra as forças da multidão e seus desejos naturais. Mantenha a cabeça no lugar enquanto os corredores à sua volta estão perdendo a deles. Puxe as rédeas da mente num momento em que a voz interior está gritando *mais rápido*! Seja cauteloso no seu ritmo inicial, errando mais pela lentidão que pela pressa excessiva. Guarde alguma coisa na reserva para os últimos quilômetros.

O tempo para dar tudo de si é depois da metade. O tempo da restrição já terá passado e você correrá o resto do caminho com o que sobrou de energia. Mais uma vez, você vai contra a tendência normal da multidão e a voz interior pede *mais devagar*! Mantenha o ritmo enquanto outros estão perdendo o controle do próprio ritmo. É aqui que você se recompensa pela cautela inicial, ultrapassando em vez de ser ultrapassado.

Preste especial atenção aos seus tempos na metade do percurso e no final. Mais tarde, compare os tempos para a primeira e a segunda metade. Eles lhe dirão se você trabalhou bem o ritmo na corrida. Se o primeiro tempo foi consideravelmente mais rápido, planeje começar ainda mais cautelosamente da próxima vez. Se a segunda parte foi imensamente superior, sinta-se livre para afrouxar as rédeas da próxima vez. Um ritmo estável quebra recordes, ao passo que um ritmo irregular (em especial uma largada muito rápida) deixa você de coração partido.

85-7241-641-2

CAPÍTULO

12

Programa de Curta Distância

Prepare-se para suas competições de 5 e 10km, bem como para os 8 e 12km.

Lição 75: Visão Geral dos 5-10km

Costumávamos chamar os 10km de "a distância perfeita para competição" – os 10 perfeitos, poderíamos dizer. Isso foi há uma geração, quando havia menos corredores e eles treinavam mais do que agora. Alguns levavam a si mesmos e ao esporte com uma seriedade um pouco exagerada. Em uma era em que corredores sérios faziam 10km por dia ou mais, essa distância era mais ou menos a menor que qualquer um faria em uma competição. E as corridas de 5km não eram tratadas como competições, mas como corridas informais por diversão para os menos preparados e menos comprometidos. Elas não valiam o esforço de um corredor sério.

Felizmente, nosso modo de pensar e nossas práticas mudaram. Transformamos os 5km em um evento de importância igual à dos 10km, o que era de esperar, pois a genealogia de ambas as distâncias pode ser traçada até os 5.000 e 10.000 que foram corridos nos primeiros jogos olímpicos modernos de 1896. Modificamos nossos treinos até que sessões de meia hora satisfizessem a maioria dos corredores. Novos corredores, procurando

85-7241-641-2

formar-se em seus programas de condicionamento, precisam de um evento de iniciação mais bem adequado ao seu histórico que os 10km. A competição de 5km se encaixa bem nisso e os novos corredores correram em sua direção. Uma das séries mais populares, a Corrida para a Cura, dirigida às mulheres, é de 5km. O Chase Corporate Challenge, muito procurado por equipes de empresas, é de uma distância um pouco maior, 5,5km.

Corredores experientes também começaram a reconhecer as belezas dos 5km. Essa distância funciona como um dos melhores tipos de trabalho de velocidade para competições com o dobro de quilômetros, eliciando esforços que seriam impossíveis em uma sessão individual de treino. E eles podem levar a sério os 5km em si, correndo essa distância com freqüência porque a recuperação é rápida. Competir 10km todo fim de semana pode ser arriscado, mas esses corredores se livram dos efeitos dos 5km em metade do tempo.

Os 10km continuam sendo uma competição atraente. Mas os 5km são ainda mais perfeitos para aqueles que querem começar a competir ou começar a competir mais rápido.

Lição 76: Necessidades de Velocidade

Aumentar a distância é uma questão de persistência – simplesmente correr mais do que já corria diariamente. Aumentar a velocidade é uma questão de estilo, de aplicar técnicas normalmente não usadas no dia-a-dia. Correr mais rápido é algo que se aprende e você aprende praticando regularmente com o que é chamado, de modo infeliz, trabalho de velocidade.

Essa expressão leva a pensar que a velocidade é, de alguma forma, dolorosa e, portanto, desagradável. Doug Rennie não pensa assim. Rennie não é famoso como escritor técnico sobre o esporte, mas como um colunista que escreve artigos de viagem para o *Runner's World*. Mas houve um tempo em que ele fazia tempos como 32:45 para os 10km e 2:33 para a maratona, na categoria *master* (acima de 40 anos). Ele escreveu excelentes artigos sobre a necessidade de velocidade, refutando as desculpas comuns para não treinar com velocidade.

- *Eu não preciso.* "Já correu 10km com a sensação de que fosse um tiro de mais ou menos 46m com duração de 37min?", perguntou Rennie. Um corredor que embala em um ritmo excepcionalmente rápido, um minuto ou mais por 1,6km acima do limite de treino, sente o percurso todo como se fosse um *sprint*. E um *sprint* que dure mais que alguns segundos não tem graça nenhuma.
- *Minhas competições são meu trabalho de velocidade.* "Se você competir todos os fins de semana e se cada competição for curta e rápida, aí talvez consiga se virar com pouco ou nenhum trabalho formal de

85-7241-641-2

Figura 12.1 – O treino de velocidade antes de competir pode melhorar seu recorde pessoal no evento real.

velocidade", disse Rennie. "Mas quantos podem responder afirmativamente a essas perguntas?" As competições devem ser freqüentes e imitar o ritmo da menor distância em competição. De outro modo, o treino de velocidade para esse ritmo e distâncias semelhantes deve preencher tais necessidades.

- *Vou conseguir uma lesão.* "Correr com a cabeça e não apenas com as pernas minimiza muito os riscos de lesão", observou Rennie. Competir com velocidade sem um histórico adequado de velocidade maximiza os riscos de lesão. O treino freqüente em ritmo de competição diminui o choque de uma transição abrupta de um treino em ritmo gentil para uma competição intensa.
- *O trabalho de velocidade machuca.* "Verdade, mas a competição também", escreveu Rennie. "As sessões de velocidade preparam a mente e o corpo para os rigores endêmicos da competição em que você dá tudo de si". Você deve temer o desconhecido. Competir não vai ma-

85-7241-641-2

chucar tanto se souber o que esperar e já tiver a experiência de seus treinos.

- *Correr na pista é tedioso.* "Quem disse que você tem de correr em uma pista?", perguntou Rennie. "O importante é que crie um estresse (semelhante ao da competição). Como e onde você fará isso não é realmente importante". O treino de velocidade deve ter condições parecidas com as da competição, principalmente o local – que quase certamente será a rua. Você só precisará praticar competição em velocidade numa pista se for ali que planejar competir.

85-7241-641-2

Lição 77: Plano para 5km

Durante os treinos, você corre rotineiramente 5km ou mais. Você já correu 5km em grupo, quando a ênfase era mais social que atlética e a corrida mais voltada à conclusão do que à velocidade. Agora que já inaugurou essa distância, quererá correr mais rápido. E o modo mais rápido de fazer isso é aumentando o ritmo um dia por semana.

Esse programa de um mês é voltado para o aumento da velocidade em cerca de metade da distância de 5km, de modo que você aprenderá a lidar com seu ritmo. Você também aumentará a duração de uma corrida semanal, praticamente dobrando a distância da competição, para fazer com que os 5km pareçam mais curtos. Nos dias rápidos, corra no ritmo que planejou para a competição de 5km. Nos dias longos, corra num ritmo de dia fácil, mas por uma distância maior.

Requisitos: conclua o programa da Lição 48 ou seu equivalente e seja capaz de correr pelo menos 30min ininterruptos antes de começar o programa de 5km a seguir (Tabela 12.1).

Tabela 12.1 – Treinamento para os 5km

Semana	Corridas fáceis (30min)	Corrida longa (km)	Corrida rápida (km)
1	3 – 4 dias	6 – 8	1,5 – 2,5
2	3 – 4 dias	8 – 10	1,5 – 2,5
3	3 – 4 dias	6 – 8	1,5 – 2,5
4	3 – 4 dias	–	Competição de 5km

Lição 78: Plano para 10km

O programa de um mês para 10km é parecido com aquele dos 5km, mas as distâncias naturalmente aumentam para uma competição duas vezes mais longa. Mais uma vez, misture altos e baixos – corridas fáceis de cerca de metade da distância dos 10km com corridas longas cerca de 1,5 vez maiores. Ao modificar ligeiramente as distâncias das corridas longas e fáceis, conseguirá adaptar esse programa para as competições de 8 e 12km.

Requisitos: conclua o programa para 5km da Lição 77 ou seu equivalente e seja capaz de correr pelo menos meia hora ininterrupta antes de começar o programa para 10km na Tabela 12.2.

Tabela 12.2 – Treinamento para os 10km

Semana	Corridas fáceis (30min)	Corrida longa (km)	Corrida rápida (km)
1	3 – 4 dias	10 – 13	3 – 5
2	3 – 4 dias	13 –15	3 – 5
3	3 – 4 dias	10 – 13	3 – 5
4	3 – 4 dias	–	Competição de 10km

85-7241-641-2

Lição 79: Aquecimento

O esforço mais difícil e desagradável não acontece necessariamente ao final de uma corrida, mas no início. Lembre-se de como se sente ao dar seus primeiros passos todos os dias. Você está enrijecido, pesado, desajeitado. Você se pergunta se esqueceu como se corre e por que está se dando ao trabalho de aprender novamente a técnica. É assim que você quer começar uma competição?

Agora lembre-se de como você se sente depois de 15min de corrida. A transpiração corre tão solta quanto suas passadas. A corrida toma o controle de si mesma e você está no piloto automático. Desaparecem as dúvidas iniciais sobre como e por que você corre. É assim que quer se sentir na linha de largada.

Passe 15min em aquecimento antes de uma competição de 5 ou 10km. Quinze minutos são o suficiente para soltar as pernas e a cabeça, mas não tanto que o leve a esgotar as reservas de energia de que logo irá precisar. Mantenha esse período constante para todas as competições, de todas as distâncias e ritmos, mas varie um pouco a rotina quando mudarem as condições de trabalho.

Por exemplo, quando estiver competindo em distâncias curtas (as que duram menos de uma hora e são bastante rápidas), acrescente dois novos elementos depois da corrida de 15min – uma série de exercícios de alongamento e três a cinco tiros de 100m no mesmo ritmo que o da corrida. Alongamentos e tiros passam a ser opcionais em distâncias mais longas (as que levam mais de uma hora e de ritmo menos intenso). Dê uma corrida de 15min em separado antes de qualquer esforço mais rápido que o normal para essas distâncias. Entretanto, se seu objetivo for distância e não velocidade –

como no caso de uma maratona, simplesmente faça o aquecimento durante os primeiros quilômetros, como faria em uma corrida diária.

Os corredores ambiciosos da atualidade costumam errar mais para o lado do aquecimento excessivo. Você os vê correndo pelas ruas durante meia ou uma hora antes da competição. Essa quantidade de aquecimento pré-evento não tem nenhum propósito físico. É um sintoma de envenenamento por adrenalina. Pense em como você se sente depois de um dia normal de corrida de 30 a 60min. É assim que quer se sentir no início da competição?

Os corredores da atualidade provavelmente também não façam tanto desaquecimento quanto deveriam. Você os vê atravessando a linha de chegada, tropeçando até uma grama ali perto e começando imediatamente as comemorações pós-evento. Isso não é jeito de começar a recuperação. Se o aquecimento serve para fazer a transição entre o repouso e o trabalho duro, o período de desaquecimento é necessário para a transição entre a competição e o descanso. Uma atividade leve e contínua reduz gradativamente o metabolismo de competição e também age como massagem para gentilmente curar a dor e a fadiga geradas pelo esforço anterior. O padrão e o ritmo de recuperação são estabelecidos nos primeiros minutos depois do fim da competição.

A melhor estratégia é continuar em movimento. Ande por pelo menos 15min depois de terminada a competição. Alguns o aconselharão a

Figura 12.2 – Acrescente uma série de alongamentos às suas rotinas pré e pós-competições.

85-7241-641-2

uma corrida fácil, mas andar lhe trará os mesmos benefícios com muito menos esforço – e você já se esforçou o bastante. Tom Osler, autor do *Serious Runners Handbook*, recomendou uma breve caminhada imediatamente após o fim da corrida, depois outra caminhada mais tarde, no mesmo dia. "A pior coisa que você pode fazer", disse ele, "é parar imediatamente quando atravessar a linha de chegada e ficar por ali em pé, conversando com os amigos". A conversa pode esperar 15min. O desaquecimento não pode.

Comentário de Corrida: Correr em Casa

O Dr. George Sheehan definia a si mesmo como um competidor que corria como meio de se provar e de se desenvolver em competições com qualquer outra pessoa que aparecesse naquele dia e em qualquer percurso que o destino atirasse em seu caminho. O autor de *best-sellers* e colunista muito benquisto competiu mais de mil vezes em sua segunda carreira, que começou aos 45 anos de idade e terminou no último ano de sua vida.

Sheehan se sentia mais à vontade correndo 10km. Ele se aventurou fora disso muitas vezes, correndo 1,6km ou uma maratona, mas os 10km se adaptavam melhor ao seu temperamento e treino. Eram longos o suficiente para testar sua resistência, mas curtos o bastante para explorar sua velocidade natural (ele foi o primeiro corredor com mais de 50 anos a correr 1,6km em menos de 5min, conseguindo-o em 4:47). Ele gostava de correr com freqüência e podia fazê-lo uma ou até duas vezes a cada fim de semana no âmbito dos 10km. Entre competições ele raramente treinava mais que uma hora ininterrupta, o que estava ótimo como treino para competições que duram cerca de 40min.

Com mais de 60 anos, ele conseguia terminar em bem menos de 40min. Então, um diagnóstico de câncer na próstata cortou sua velocidade, mas não sua vontade de continuar competindo o melhor que pudesse naquelas circunstâncias. A diminuição da velocidade para 40, 45, 50min e mais ensinou a Sheehan muita coisa sobre o esporte.

Uma de suas competições preferidas literalmente o trazia para casa. Os 10km de Asbury Park passavam perto de sua casa, às margens do Jersey. "Correr com o pessoal em Asbury Park era esclarecedor e inspirador", escreveu em sua coluna do *Runner's World*. "Sempre escrevi como representante dos azarões, mas na verdade sempre fui um corredor de elite – um dos vencedores. Eu raramente voltava de uma competição sem um troféu e quase sempre era um vencedor no meu grupo etário".

Sheehan descobriu que não era por falta de tentativas que os corredores da metade para trás da multidão corriam ali. "O que descobri em Asbury Park", contou, "foi que todos estavam correndo o mais rápido que podiam. Aqueles que faziam 1,6km em 8min, por exemplo, não estavam ganhando nada com isso. Eles não estavam – como um dia suspeitei – enrolando pelo

85-7241-641-2

caminho, entretidos na conversa sobre o festival das massas de ontem à noite. Eles talvez não tivessem a capacidade máxima de oxigênio daqueles que correm em média dois ou até três minutos mais rápido por 1,6km, mas lhes estava custando o mesmo esforço".

O câncer levou Sheehan aos 74 anos, mas não nos privou de seu espírito. Ele vive em seus escritos e, mais ainda, em uma competição que leva seu nome. Depois que ele morreu, os 10km de Asbury Park passaram a se chamar George Sheehan Classic e mudaram para outra das cidades natais dele – Red Bank, em New Jersey. Sheehan trabalhou em um hospital de Red Bank e saía correndo por sua porta para começar as corridas-treino. Os corredores dessa competição ao longo de antigo percurso de treino podem estar correndo nas pegadas de um gigante, mesmo que não saibam quem ele foi.

Aqui vai uma história que Sheehan teria adorado contar a seu próprio respeito. Enquanto nos encaminhávamos para a linha de largada, um jovem perguntou para o outro, "afinal, quem é esse Sheehan?". Isso é como perguntar quem era o Kennedy do nome do aeroporto de Nova York.

Sheehan teria dado gargalhadas sobre esse lapso em sua fama. Ele teria se sentido honrado por tantos convidados terem vindo à sua casa para fazer o que ele fez tantas vezes: buscar os 10km perfeitos. Tentamos fazer o que ele há muito recomendava a todos os corredores: "Seja seu próprio herói".

Lição 80: Previsões de Tempo (5 a 12km)

O desempenho em uma distância prevê com precisão o potencial para outra distância. A Tabela 12.3 compara os tempos para competições curtas de rua. Encontre seu mais recente resultado em qualquer uma dessas distâncias populares para competições, depois siga pela horizontal para estimar sua atual capacidade em outros eventos. Os tempos foram arredondados para cada cinco segundos. Para cálculos mais exatos, veja os fatores de conversão na Lição 73.

Lição 81: Decidir as Metades

Arthur Lydiard, o técnico que mais fez em termos de revolucionar a corrida, estabeleceu um princípio para controlar o ritmo das competições de 1,6km que se aplica ainda melhor à medida que aumenta a distância da competição. "Em minha opinião", declarou o neozelandês, "o melhor meio de obter o máximo benefício de sua capacidade nas competições de 1,6km é largar com a atitude de uma competição de 800m e, sendo assim, a hora de começar a dar tudo de si é quando a primeira metade já tiver acabado".

Tabela 12.3 – Comparando tempos (5 a 12km)

5km	8km	10km	12km
15:00	24:55	31:30	38:05
16:00	26:35	33:35	40:40
17:00	28:15	35:40	43:10
18:00	29:50	37:50	45:45
19:00	31:30	39:55	48:15
20:00	33:10	42:00	50:50
21:00	34:50	44:05	53:20
22:00	36:30	46:10	55:55
23:00	38:10	48:20	58:25
24:00	39:50	50:25	1:01:00
25:00	41:30	52:30	1:03:30
26:00	43:10	54:35	1:06:00
27:00	44:50	56:40	1:08:35
28:00	46:30	58:50	1:11:05
29:00	48:10	1:00:55	1:13:40
30:00	49:50	1:03:00	1:16:10

Lydiard não estava falando sobre uma largada lenta, mas uma largada cautelosa. "O ritmo ideal para iniciar", ele disse, "é o ritmo que você sabe que poderá manter o tempo todo". Primeiro, vai parecer fácil demais. Mais tarde, o mesmo ritmo parecerá quase impossível de manter.

O técnico, cujos atletas venceram medalhas olímpicas, dos 800m à maratona, acrescentou: "Os 5 e 10km são muito mais exigentes que 1,6km, e o atleta tem de ser mais cauteloso. É muito mais fácil ir mais rápido, cedo demais, nos 10km que no 1,6km". Esse conselho é ainda mais sensato para corridas com a duração de uma maratona. Aqui, o corredor precisa exercitar ainda mais o autocontrole. Erros de ritmo logo no início, que significariam uma finalização lenta em 10km provavelmente não permitiriam a conclusão de uma maratona.

85-7241-641-2

Lydiard referiu-se à corrida com ritmo constante como "o melhor jeito de tirar o melhor proveito de si mesmo". Para nossos propósitos, o ritmo constante significa que quanto mais parecidas em tempo forem as duas metades, mais eficiente terá sido o ritmo. Se começar mais rápido do que terminar, perderá consideravelmente mais velocidade na última metade do que terá ganho na primeira. No entanto, também é possível ir tão devagar no começo que o tempo perdido já não possa ser recuperado.

A margem de segurança para o ritmo é de cerca de três segundos por quilômetro para mais ou para menos no ritmo constante. Por exemplo, um corredor que faz 10km em 50min deveria correr entre 4:57 e 5:03 por quilômetro. Esses números não foram inventados do nada. Uma revisão dos recordes mundiais indica que a maioria dos tempos está dentro cerca de um segundo por quilômetro do ritmo constante, e nenhum deles varia mais que cinco segundos por 1,6km. Se esse método se aplica aos mais rápidos e mais bem condicionados atletas do mundo, é ainda mais crítico para aqueles com menos talento, menos treino e menos a ganhar com técnicas arriscadas.

Lição 82: Ritmo dos 5km

É mais fácil falar sobre o ritmo constante do que calculá-lo. O problema é que as competições nos EUA combinam dois sistemas de mensuração. Embora a maioria dos eventos seja corrida em distâncias métricas, como os 5km, os tempos costumam ser divulgados em milhas e, o ritmo, computado em termos de tempo por milha.

A Tabela 12.4 leva em consideração a maior parte dessas práticas. Ela lista até mesmo o ritmo por milha, bem como os quilômetros e os tempos desejados para uma milha e meia e para os dois quilômetros e meio (os pontos médios aproximados e exatos). As variações dos tempos baseiam-se no ritmo constante, mais ou menos cinco segundos por milha (ou três segundos por quilômetro). Determine seu provável tempo final, depois planeje não começar mais rápido nem mais devagar que os ritmos aqui indicados (Tabelas 12.4 e 12.5).

85-7241-641-2

Tabela 12.4 – Ritmo perfeito para os 5km

Meta para os 5km	Por milha (km)	1,5 milha	2,5km
15:00	4:50 (3:00)	7:08 – 7:23	7:22 – 7:37
16:00	5:10 (3:12)	7:37 – 7:52	7:52 – 8:07
17:00	5:29 (3:24)	8:06 – 8:21	8:22 – 8:37
18:00	5:48 (3:36)	8:35 – 8:50	8:52 – 9:07
19:00	6:08 (3:48)	9:04 – 9:19	9:22 – 9:37
20:00	6:27 (4:00)	9:33 – 9:48	9:52 – 10:07
21:00	6:46 (4:12)	10:02 – 10:17	10:22 – 10:37
22:00	7:06 (4:24)	10:31 – 10:46	10:52 – 11:07
23:00	7:25 (4:36)	11:00 – 11:15	11:22 – 11:37
24:00	7:45 (4:48)	11:30 – 11:45	11:52 – 12:07
25:00	8:04 (5:00)	11:59 – 12:14	12:22 – 12:37
26:00	8:23 (5:12)	12:29 – 12:44	12:52 – 13:07
27:00	8:42 (5:24)	12:58 – 13:13	13:22 – 13:37
28:00	9:02 (5:36)	13:28 – 13:43	13:52 – 14:07
29:00	9:21 (5:48)	13:57 – 14:12	14:22 – 14:37
30:00	9:40 (6:00)	14:26 – 14:41	14:52 – 15:07

Tabela 12.5 – Ritmo perfeito para os 10km

Meta para os 10km	Por milha (km)	3 milhas	5km
30:00	4:50 (3:00)	14:15 – 14:45	14:45 – 15:15
32:00	5:10 (3:12)	15:15 – 15:45	15:45 – 16:15
34:00	5:29 (3:24)	16:10 – 16:40	16:45 – 17:15
36:00	5:48 (3:36)	17:10 – 17:40	17:45 – 18:15
38:00	6:08 (3:48)	18:10 – 18:40	18:45 – 19:15
40:00	6:27 (4:00)	19:05 – 19:35	19:45 – 20:15
42:00	6:46 (4:12)	20:05 – 20:35	20:45 – 21:15
44:00	7:06 (4:24)	21:00 – 21:30	21:45 – 22:15
46:00	7:25 (4:36)	22:00 – 22:30	22:45 – 23:15
48:00	7:45 (4:48)	23:00 – 23:30	23:45 – 24:15
50:00	8:04 (5:00)	24:00 – 24:30	24:45 – 25:15
52:00	8:23 (5:12)	24:55 – 25:25	25:45 – 26:15
54:00	8:42 (5:24)	25:55 – 26:25	26:45 – 27:15
56:00	9:02 (5:36)	26:55 – 27:25	27:45 – 28:15
58:00	9:21 (5:48)	27:55 – 28:25	28:45 – 29:15
60:00	9:40 (6:00)	28:50 – 29:20	29:45 – 30:15

85-7241-641-2

Lição 83: Ritmo dos 10km

A Tabela 12.5 usa o mesmo raciocínio da anterior para as competições de 5km – a corrida com ritmo constante é mais eficiente e as duas metades são mais bem corridas dentro da margem de erro dos três segundos por quilômetro para o mesmo tempo. Aqui estão as variações recomendadas de ritmos para os pontos médios aproximados e exatos em uma competição de 10km. Os tempos para três milhas e 5 quilômetros foram arredondados em 5 segundos.

CAPÍTULO

13

Programa de Meia Distância

Prepare-se para suas competições de meia-maratona, bem como para outras de 15 a 20km.

Lição 84: Visão Geral da Meia-maratona

A meia-maratona é uma excelente competição com um nome infeliz. Vamos falar primeiro sobre o nome antes de passar para os prós da competição. Meia-maratona é um rótulo que diminui e induz ao erro. Nenhuma outra competição é conhecida simplesmente como uma fração de outra e, no entanto, esta soa como um modelo em escala do verdadeiro evento. Na verdade, ela é a metade de uma maratona em distância, mas não em tempo. Você não pode simplesmente duplicar seu RP para a distância de 21,1km e dizer "é isso que devo correr na maratona". Não funciona assim. A meia é um evento distinto com suas próprias necessidades de treino. Pode ser tão exigente, a seu próprio modo, quanto a maratona, porque o ritmo aumenta.

Outra diferença entre a meia-maratona e a maratona é como os corredores as vêem. Para a maioria de nós é mais um teste de sobrevivência que uma competição. O grande objetivo é chegar até a linha final de algum modo, não importando quanto tempo leve. A meia-maratona é uma competição para a maioria dos corredores – possivelmente o limite de nossas

85-7241-641-2

possibilidades de competição, mas ainda assim um teste em que o tempo conta. Não é o bastante simplesmente percorrer a distância, mesmo que ela possa ser respeitável. É mais longa do que aquilo que normalmente corremos em nossos treinos, mas não tão longa que leve a manhã toda para terminar, nem nos deixe esgotados pelo resto do dia, ou precisando de um mês de descanso e relaxamento posterior.

Contanto que você entenda isso tudo, pode ignorar o nome. Ninguém até hoje sugeriu um nome melhor ou convenceu os corredores a substituir tal evento por uma competição de 20km – uma competição subdesenvolvida que ainda precisa ser rebatizada como a "10km duplos".

85-7241-641-2

Lição 85: Esforços pela Metade

O propósito, aqui, é vender a você as belezas ocultas da meia-maratona. É um evento perfeitamente adorável se, mais uma vez, você ignorar o nome feio, resistir a pensar nele como um evento de segunda classe e à tentação de dobrar seu tempo para predizer seu potencial na maratona. Não pense, por exemplo, que, se correr a meia-maratona em 1h45min, estará pronto para uma competição de 3h30min na distância completa.

Ninguém espera que Wilson Kipketer corra mais de duas voltas no ritmo de seu recorde mundial dos 800m para correr 1,6km em 3:23. No entanto, às vezes fantasiamos que um corredor deva ser capaz de manter um ritmo de meia-maratona para uma distância duas vezes maior. Se isso fosse possível, Todd Williams, o norte-americano detentor do recorde para a meia-maratona seria um maratonista com tempos abaixo de 2h01min, e não um corredor com tempos acima de 2h10min. Joan Samuelson, que detém o recorde norte-americano das mulheres na meia-maratona, teria há muito tempo se tornado a primeira mulher a quebrar os 2h20min em vez de correr o recorde nacional de 2h21min21s que ninguém ultrapassa desde 1985.

A fórmula comum de conversão entre duas distâncias para corredores de elite é dobrar o tempo da meia-maratona e somar pelo menos 5min para prever a capacidade na maratona. Para o corredor comum, o tempo a acrescentar é de cerca de 10min. Mas aqui caímos na armadilha que queríamos evitar. Estamos barateando a meia-maratona ao compará-la com sua irmã, bem maior.

A beleza da meia-maratona – deixando o nome de lado – é ser um evento único. Tem seu próprio treino especial, suas próprias exigências de ritmo e suas próprias recompensas. Não a venda barato só porque não é tão popular quanto a maratona, ou quanto a competição de 5km. Essa falta de popularidade é uma das principais atrações da meia-maratona. Pouquíssimas atraem mais que alguns milhares de corredores e o número pequeno pode se tornar uma atração depois que você teve de abrir caminho entre multidões de megacompetições.

Essa distância – ou, para ir ao direto ao ponto, esse *conjunto* de distâncias que começa com 15km e leva uma ou duas horas para se completar – é uma pequena fonte de recordes pessoais. Essas meias-distâncias também oferecem atrações quase nunca exploradas. A mais significativa delas é que tais competições combinam velocidade e distância melhor que qualquer outro evento, curto ou longo. O treino para distâncias curtas, centralizado nos 5 e nos 10km, se inclina muito mais para a velocidade, já que quase todo mundo consegue correr, e corre essas distâncias quase diariamente, mas não no ritmo normal de competição. O treino para a maratona normalmente se concentra no trabalho de distância, já que quase ninguém costuma correr tanto assim e a preocupação com a resistência é muito maior que com a velocidade. A meia-maratona requer quantidades modestas dos dois elementos.

O ritmo de meia-maratona não é tão intenso que precise de uma grande quantidade de trabalho de velocidade, como os eventos de 12km ou menos. Essas competições curtas em si, se realizadas com alguma freqüência, funcionam como trabalho suficiente de velocidade para a meia-maratona. Por outro lado, a meia-maratona não é tão grande que exija treinos com corridas extralongas, como as maratonas exigem. Duas horas são o tempo máximo

Figura 13.1 – Uma vez que você tenha começado a trabalhar a distância, considere a possibilidade de competir numa meia-maratona.

85-7241-641-2

que precisará investir e se pode terminar uma meia-maratona em menos tempo que isso. Esta é uma mudança bem-vinda, depois de passar quase toda uma manhã de sábado ou domingo correndo e o resto daquele dia em semicoma por causa do extremo esforço do treino para a maratona.

Mesmo que você treine moderadamente (cerca de 30 a 45min diários, por exemplo, com os treinos mais longos durando 1h:30min ou 2h), não há muita coisa capaz de se colocar entre você e a linha de chegada de uma meia-maratona. Esta é uma verdadeira *corrida* e não um simples exercício de sobrevivência. Quando você não *bate na parede** , passa bem menos tempo se recuperando. Jack Scaff, médico que fundou e ainda dirige a famosa clínica para a maratona de Honolulu, disse que o esgotamento durante a competição é "uma lesão, e você precisa de seis semanas de recuperação, como para qualquer outra lesão". Ao emergir de sua meia-maratona sem lesões por ter *batido contra a parede*, você pode repetir essa distância ou correr outra competição até duas semanas depois. Este é um resultado mais interessante do que ter de adiar seu próximo grande esforço até o mês que vem ou o outro, enquanto se recupera.

Comentário de Corrida: Preencha a Grande Lacuna

As competições de rua polarizam. E não estou falando na distância entre os corredores mais rápidos e os mais lentos, ou entre corredores puristas e aqueles que fazem pausas para andar. A lacuna de que falo trata das distâncias de competições muito longas e muito curtas, com pouca coisa entre os dois pólos.

Os eventos que mais crescem nas ruas dos EUA são os de 5km, em um dos extremos e as maratonas, no outro. Os de 5km são pontos lógicos de partida para novatos e trabalhos de velocidade para veteranos. As maratonas são testes glamourosos de sobrevivência para todo o mundo. As competições de 8, 10 e 12km continuam numerosas e atraentes. Ainda podemos encontrar muitas corridas de 15km à meia-maratona. Mas entre a meia-maratona e a maratona encontramos... quase nada. Essa lacuna de quase 21km é o buraco negro da corrida.

Mas não foi sempre assim. Durante o ápice de minha mania de corridas nos anos 1970, o calendário do norte da Califórnia oferecia uma competição de 25km em Golden Gate Park, uma de 24km em Gold Country, uma de 32km em Sacramento e outra de 32km ao longo do Coast Range, além de uma de 30km e uma de 27km na Península de Monterey. Corri todas elas, quase todo ano.

* **N. do T.:** "Bater na parede" é uma expressão usada por corredores indicando que o atleta encontrou extrema dificuldade para continuar correndo a partir de um certo ponto, como se corresse contra uma parede sem sair do lugar. Não significa necessariamente abandonar a corrida.

A maioria desses eventos já acabou e essa tendência se repete em todo o país. As competições da *lacuna* são difíceis de vender para corredores que parecem preferir as corridas muito mais curtas ou mais longas. As únicas competições nacionalmente conhecidas que preenchem a grande lacuna são os 25km de Old Kent Riverbank em Grand Rapids, Michigan e 24km da Charleston Distance Run, em West Virginia.

Eu não corria uma competição da grande lacuna há mais de 20 anos. Então tive que ir ao Canadá para preencher o vazio nos 30km Around the Bay em Hamilton, Ontário. Muitos dos corredores que encontrei em Hamilton estavam usando essa corrida como treino para uma maratona de primavera. E eu também, com a de Vancouver chegando em cinco semanas.

Uma de minhas velhas crenças é que o melhor treino para uma competição *é* competir. Você não consegue dar duro sozinho do jeito que faz quando está em grupo no percurso, com bebidas, tempos e torcidas sendo distribuídos à medida que corre. Esta é a maneira mais prazerosa de treinar. Para funcionar assim, a competição deve ser parecida com aquela para a qual você está treinando em distância e ritmo. Quando a grande lacuna não é preenchida, perdemos uma oportunidade de treinar para a maratona com o apoio de uma multidão e com todas as outras amenidades de uma competição.

Uma competição de meia-maratona não é longa o bastante para servir a esse propósito (como aprendi, do modo mais difícil, tentando várias vezes dar um salto de 20km em distância). Começar uma maratona completa com planos de abandonar depois de 24 ou 32km (como já fiz várias vezes) dá uma certa sensação de fracasso quando você pára enquanto seus colegas continuam até o final.

Lembrete para os diretores de competições: tragam de volta as competições que preenchem a lacuna – as de 25 e 30km, as de 15 milhas (24km) e de 20 milhas (32km). Lembrete para os corredores: inscrevam-se nelas. Elas são ótima preparação para as competições mais longas que virão e grandes lugares para parar antes que o maratonismo se instale definitivamente.

Lição 86: Plano para a Meia-maratona

Embora este programa se aplique especificamente à meia-maratona, pode ser adaptado para uma série de competições de meia-distância – aquelas entre 15km e a meia-maratona, que duram entre uma e duas horas para a maioria dos corredores. Essas competições podem ser mais longas e mais rápidas que seus esforços normais de treino, de modo que você deve se preparar, tanto para a maior distância quanto para o aumento de velocidade.

Outra razão pela qual o nome meia-maratona é enganoso é que ela pode ser duas vezes mais longa que a maior distância que você já tenha corrido antes em competições – ou mesmo em treinos. Pode ser três ou quatro vezes mais longa que sua média diária. Isso coloca mais ênfase no treino

Tabela 13.1 – Treino para a meia-maratona

Semana	Corridas fáceis	Corrida longa	Corrida rápida
1	3 – 5 dias de 30 – 60min	13 – 16km	–
2	3 – 5 dias de 30 – 60min	–	Competição de 5 ou 10km
3	3 – 5 dias de 30 – 60min	15 – 18km	–
4	3 – 5 dias de 30 – 60min	16 – 20km	–
5	3 – 5 dias de 30 – 60min	–	Competição de 5 ou 10km
6	3 – 5 dias de 30 – 60min	16 – 21km	–
7	3 – 5 dias de 30 – 60min	–	–
8	3 – 5 dias de 30min	Meia-maratona	–

para distância neste evento de 21,1km. O programa de dois meses aumenta as distâncias de duas maneiras:

- Aumentando a amplitude das corridas fáceis, da meia hora padrão para um período entre 30 e 60min.
- Prolongando a corrida longa em pelo menos 16km e até a distância da meia-maratona.

Observe que as competições curtas são recomendadas como um trabalho ocasional de velocidade.

Requisitos: complete o programa para 10km da Lição 83 ou seu equivalente e seja capaz de correr pelo menos uma hora antes de começar o programa abaixo para meia-maratona. Com leves modificações, você também poderá usar esse plano para as competições de 15, 20 e 24km. Use a Tabela 13.1 como orientação.

Lição 87: Programa para Todos os Fins

Outra beleza oculta da meia-maratona é que quase ninguém parece treinar séria e especificamente para esse evento. Mesmo corredores talentosos como Joan Samuelson e Todd Williams estabeleceram seus recordes norte-americanos quando o objetivo era outro – o de Samuelson era vencer mais uma maratona e Williams o fez enquanto treinava para a temporada de competições em pista, onde ele se especializaria nos 10.000m.

Corredores menos capazes e menos ambiciosos podem ser meio-maratonistas sem sacrificar suas vidas normais aos deuses do treino de velocidade e distância. A preparação para a meia-maratona se encaixa tão bem naquilo que talvez eles já corram que, praticamente, não terão de mudar o ritmo enquanto se preparam para esse tipo de competição.

Quanto do que vem a seguir descreve você? Sua típica corrida diária dura pelo menos 30min, mas raramente mais que uma hora. A cada semana ou duas você faz uma corrida longa de uma ou duas horas. Com freqüência corre em competições, a maioria de curta duração, em eventos que duram menos de uma hora. Essas competições são seu principal trabalho de velocidade, talvez o único.

85-7241-641-2

Agora vamos medir essas práticas em relação aos requisitos aceitos para treino. As duas necessidades básicas (além de correr com facilidade na maioria dos dias) são:

- Corridas regulares no ritmo de sua competição mais curta, mas em distância menor.
- Corridas regulares de mesma distância que sua competição mais longa, ou parecida, mas em ritmo menos intenso (distância e velocidade totais só se combinam durante a competição).

Figura 13.2 – Se sua corrida diária normalmente dura de 30min a 1h, você está perto de conseguir correr uma meia-maratona.

Se você se encaixar no perfil descrito, normalmente não treina rápido o suficiente para os 5km, nem em distância suficiente para a maratona. Mas sua combinação de práticas serve bem para a meia-maratona. Suas competições curtas lhe dão a velocidade de que precisa, suas corridas longas lhe fornecem a distância necessária, e suas corridas diárias lhe permitem um bom tempo de recuperação entre as sessões mais difíceis. Se treinar assim, não precisará mudar muita coisa se quiser correr uma meia-maratona respeitável. Não faça nenhuma tentativa séria de *melhorar* seu programa ou de atingir um pico em uma das metades. Você já está treinando adequadamente para essa competição (se não se encaixar nesse perfil, ver o programa da Lição 86).

Você também está treinando bem para uma série de outras distâncias. Um programa para meia-maratona funciona bem para distâncias maiores e menores de competições. Pode considerá-lo como base para treinos para todos os fins.

A inspiração para o programa vem de Bill Bowerman. O legendário técnico da Universidade de Oregon ensinou, como sabem e praticam quase todos hoje em dia, que bons resultados só são obtidos ao mesclar dias fáceis e difíceis. Os anos de experiências que Bowerman adquiriu o ensinaram que nenhum corredor melhorava sem pausas entre períodos de esforço extremo.

Um princípio menos conhecido de Bowerman envolve o treino em ciclos mais longos que uma semana. Uma variação sobre o tema de Bowerman leva o fácil-difícil ao extremo: não mais que um dia de competição ou treino para competição por semana, como parte de um ciclo de três semanas – rápido no primeiro final de semana, longo no segundo e fácil no terceiro. Isso produz uma média de aproximadamente um dia intenso em cada 10, o que parece ser uma proporção protetora, mas segura – não somente para meio-maratonistas, mas para competidores de todas as distâncias.

A programação geral aqui descrita requer competições freqüentes em distâncias entre 5 e 25km, sem especialização em nenhuma dessas competições. Para aconselhamento sobre preparações mais específicas, ver tabela para meia-maratona na Lição 86, além dos 5km e 10km nas Lições 77 e 78, e da maratona na Lição 93. No programa seguinte, você correrá em ciclos de três semanas. Você pode competir em duas dessas três semanas. Se não houver competição disponível, substitua por uma sessão de treino de velocidade ou distância similares.

Treine para competir no ritmo total de uma competição curta, mas não mais que a metade da distância da competição. Pratique a distância total de uma competição longa, mas em ritmo menos intenso. Combine o ritmo total e a distância total somente durante a competição. Nos outros dias da semana, relaxe, recupere-se e descanse. Trinta minutos são o tempo mínimo

85-7241-641-2

de corrida sugerido, e uma hora é o máximo. Permita-se um dia de descanso a cada semana e um dia extra se estiver excepcionalmente cansado ou dolorido.

- *Primeiro final de semana*: competição de curta distância (com duração não superior a 1h) ou uma corrida-treino no ritmo de sua competição mais curta, com não mais que a metade de sua distância.
- *Segundo final de semana:* competição de meia-distância (com duração de 1 a 2h), ou uma corrida-treino de distância parecida, mas no ritmo de suas corridas de dias fáceis ou um pouco menos intenso.
- *Terceiro final de semana*: fácil, sem corridas rápidas nem longas e, especialmente, nenhuma competição.

Lição 88: Previsões de Tempo (dos 15km à Meia-maratona)

O ritmo de competição muda em velocidade previsível de uma distância para outra (multiplicar ou dividir por 2,1 para cada dobro ou metade da distância). A Tabela 13.2 lista tempos equivalentes para as corridas de meia-distância mais comuns. Encontre seu tempo mais recente para uma das distâncias, depois siga a linha para encontrar seu potencial em outra. Essas conversões assumem que você está igualmente treinado para as duas competições e que a dificuldade dos cursos é comparável (para comparar tempos de eventos que não estão na tabela, ver Tabela 11.2 na Lição 73). Os tempos foram arredondados para cada 10 segundos.

Tabela 13.2 – Tempos comparáveis (15km à meia-maratona)

15km	16km	20km	Meia-maratona
45:00	48:40	1:01:10	1:05:10
50:00	54:00	1:08:00	1:12:30
55:00	59:20	1:14:50	1:19:40
1:00:00	1:04:50	1:21:40	1:27:00
1:05:00	1:10:10	1:28:20	1:34:10
1:10:00	1:15:40	1:35:10	1:41:30
1:15:00	1:21:00	1:42:00	1:48:40
1:20:00	1:26:20	1:48:50	1:56:00
1:25:00	1:31:50	1:55:40	1:53:10
1:30:00	1:37:10	2:02:20	2:10:17
1:35:00	1:42:40	2:09:10	2:17:25
1:40:00	1:48:00	2:16:00	2:25:00

Lição 89: Ritmo da Meia-maratona

Seu tempo no ponto médio da competição é uma referência-chave para controlar o ritmo, mas poucos meio-maratonistas têm um *olheiro* colocado exatamente no ponto dos 10,55km. A Tabela 13.3 leva em consideração essa margem de erro listando os tempos desejados no ponto dos 10km, além do ponto médio. Os tempos baseiam-se em ritmo constante, menos ou mais três segundos por quilômetro. Encontre seu provável tempo final, depois planeje não começar mais rápido nem mais devagar que os tempos aqui indicados. Os tempos para o ponto dos 10km e o médio foram arredondados para 10 segundos.

Tabela 13.3 – Ritmo perfeito para a meia-maratona

Meta para a Meia-maratona (por km)	10km	Ponto médio (10,55km)
1:05 (3:04)	30:10 – 31:10	32:00 – 33:00
1:10 (3:19)	32:40 – 33:40	34:30 – 35:30
1:15 (3:33)	35:00 – 36:00	37:00 – 38:00
1:20 (3:47)	37:20 – 38:20	39:30 – 40:30
1:25 (4:02)	39:40 – 40:40	42:00 – 43:00
1:30 (4:16)	42:10 – 43:10	44:30 – 45:30
1:35 (4:30)	44:30 – 45:30	47:00 – 48:00
1:40 (4:44)	46:50 – 47:50	49:30 – 50:30
1:45 (4:58)	49:20 – 50:20	52:00 – 53:00
1:50 (5:12)	51:40 – 52:40	54:30 – 55:30
1:55 (5:27)	54:00 – 55:00	57:00 – 58:00
2:00 (5:41)	56:20 – 57:20	59:30 – 1:00:30
2:05 (5:55)	58:40 – 59:40	1:02:00 – 1:03:00
2:10 (6:10)	1:01:10 – 1:02:10	1:04:30 – 1:05:30
2:15 (6:24)	1:03:30 – 1:04:30	1:07:00 – 1:08:00
2:20 (6:38)	1:05:50 – 1:06:50	1:09:30 – 1:10:30
2:25 (6:52)	1:08:10 – 1:09:10	1:12:00 – 1:13:00
2:30 (7:06)	1:10:30 – 1:11:30	1:14:30 – 1:15:30

85-7241-641-2

CAPÍTULO

14

Programa de Longa Distância

Prepare-se para suas maratonas, bem como para outras competições de 25 a 32km.

Lição 90: Visão Geral da Maratona

Hoje em dia, parece haver um maratonista em todas as vizinhanças, todos os escritórios. O número de pessoas que terminam as maratonas nos EUA a cada ano está se aproximando de meio milhão. Pode dar a impressão de que praticamente qualquer pessoa possa correr toda essa distância e sugerir que fazer isso não seja uma vitória tão grande quanto um dia se pensou que fosse.

Seriam impressões equivocadas. Os maratonistas já não são apenas um em cada milhão, mas ainda estão entre os dois décimos percentuais no topo da população dos EUA em virtude do que conseguiram. Os outros 998 em mil norte-americanos não poderiam ou não terminariam uma maratona.

O teste é tão difícil quanto sempre foi, não importando quantas pessoas consigam passar por ele. A distância ainda é a mesma de quando foi fixada em 42,2km há quase um século. Correr rapidamente essa distância é difícil, mas levar duas ou mais vezes o tempo dos líderes apresenta seus próprios desafios.

85-7241-641-2

Não existe um jeito fácil de chegar de uma ponta à outra da maratona – quer um participante esteja correndo velozmente, ininterruptamente, correndo e andando, andando e correndo ou andando o caminho todo. Você não pode simplesmente acordar em uma manhã e decidir que aquele é seu dia para uma maratona, como poderia fazer para uma competição de 5 ou 10km, em que um mínimo de treino fará com que você pelo menos chegue ao final. Você precisa treinar durante meses antes de uma maratona, quase sempre buscando apoio em um grupo para as corridas longas. Na linha de largada de uma competição curta, você sabe que irá terminar e se pergunta apenas quanto tempo levará. Você não começa maratonas com a mesma confiança de chegar ao final.

A longa preparação para uma maratona, as dúvidas antes da corrida e a dificuldade da corrida em si não são pontos negativos. Eles se somam aos atrativos e à satisfação final que você divide com apenas outra pessoa em cada mil.

Lição 91: Método de Galloway

Jeff Galloway é um revolucionário. Ele, mais que qualquer outro professor ou pregador dos anos 1980 e 1990, pôs a maratona ao alcance de milhares de corredores que não conseguiriam chegar ao evento e terminá-lo usando os métodos antigos. Para avaliar o valor do programa para maratona de Galloway, primeiro você deve conhecer as qualidades de Galloway como maratonista e como homem. Ele foi visto correndo sob todos os ângulos – como atleta olímpico (na pista, mais que nas ruas), maratonista de menos de 2:15 em uma época em que isso ainda era raridade entre norte-americanos; foi proprietário de loja de artigos para corredores, palestrante sobre corridas, operador de pistas de treinos, colunista de revista e autor de livros e líder de grupos de treino para maratonas.

Galloway correu sua primeira maratona aos 18 anos. Ele se lembra que aqueles "50km semanais mal serviram para me preparar. Mas fiquei falsamente consolado pela idéia de que outros na competição estavam menos preparados que eu. Nos primeiros 16km me senti ótimo. Pelos 24km, a distância da minha mais longa competição anterior, eu estava cansado. Nos 33km estava tão cansado que não podia reconhecer logicamente que devia desistir. O instinto fez com que eu continuasse, então andei a maior parte da última meia hora".

85-7241-641-2

A lógica poderia ter levado Galloway a uma aposentadoria precoce, mas em vez disso ele foi procurar métodos melhores. Chegou à equipe olímpica de 1972 e, nove anos depois, aos 35, ainda estava diminuindo seus tempos. Mais importante, naquela época ele já havia refinado suas idéias de treino até estar pronto para falar e escrever sobre elas. Era um raro corredor de elite que sabia como dar conselhos ao participante mediano do esporte.

Na década de 1980, ele proferia palestras com freqüência para potenciais maratonistas. Uma conversa ficou guardada em sua mente: "Eu estava dando um curso sobre treinamento. Quando alguém perguntava a respeito de treinos para maratonas, respondia com o conselho de sempre: aumente sua cota semanal para 105 a 110km, com uma corrida 32km a cada semana, durante cerca de 4 semanas. Uma pessoa no auditório, com 'cara de não-maratonista', me perguntou se era possível correr 5km por dia e treinar para a maratona simplesmente aumentando a corrida longa para cerca de 38km. Eu disse que isso não parecia ser um treino suficiente e que ele poderia se machucar com esse tipo de programa. Ele respondeu que estava usando esse programa no momento para sua quinta maratona e até agora não sofrera lesões. Engoli meu orgulho de 225km semanais e lhe fiz algumas perguntas".

As respostas, e o trabalho posterior de Galloway com milhares de novos maratonistas, o levaram a mudar totalmente as idéias sobre distância total de treino e duração das corridas longas. Ele concluiu que o total da distância não é importante, para não dizer perigoso, porque instiga as pessoas a correrem demais nos dias em que deveriam estar relaxando. Entretanto, também enfatizou o imenso valor das corridas longas de treino realizadas a cada duas ou três semanas.

"Estou convencido", disse ele, "de que as maiores causas de lesões são aumentar a milhagem total rápido demais e manter uma milhagem longa durante muitas semanas sem repouso". O programa Galloway para maratonas, uma obra-prima de simplicidade e praticidade, evita os dois problemas ao colocar algumas corridas bem longas em meio a uma quantidade de corridas curtas. O programa tem três pontos fundamentais:

1. Uma corrida longa a cada dois fins de semana no começo, e a cada três semanas no final do programa, aumentando gentilmente de um ponto logo acima do ápice atual do corredor até o tempo total em que se espera correr a maratona.
2. Muito espaço entre os esforços intensos, descansando um ou mais dias por semana e correndo apenas 5 a 8km nos outros dias "para ter certeza de se recuperar entre corridas longas".
3. Intervalos de caminhada, cada uma de um minuto em média, desde o começo e com freqüência – uma pausa a cada quilômetro ou milha de corrida para a maioria dos maratonistas.

Galloway disse: "Recomendo este programa, que evita muitos dos riscos do treino normal para maratonas, ao mesmo tempo em que traz resultados excelentes. Milhares de corredores que fazem 5km por dia me mostraram que podem terminar a maratona sem 'bater contra nenhuma parede' – muito menos a fortaleza com que me deparei. Eles acrescentaram um ingrediente-chave que eu não tinha – uma corrida longa gradativamente aumentada até a distância da maratona. Também me ensinaram a importância de fazer corridas mais fáceis entre as corridas longas, chegando à maratona com disposição e descansado".

Lição 92: Caminhadas de Osler

Tom Osler era exatamente o mesmo tipo de revolucionário que Jeff Galloway, exceto que a revolução de Osler veio mais cedo e não tão publicamente. Sua contribuição, na década de 1970, foi a pausa para caminhada. Osler não a inventou, claro; combinar caminhadas e corridas é tão antigo quanto a locomoção humana. Mas legitimou o ato como técnica para correr mais longe, mais fácil e de modo mais seguro em um evento de longa distância.

Osler era tão pesado e lento quando jovem que seus amigos lhe deram o apelido de Tartaruga. Ele foi forçado a substituir pela astúcia aquilo que lhe faltava em capacidade e obteve tanto sucesso nessa busca que venceu vários campeonatos nacionais de longa distância.

Como observado na Lição 66, Osler afirmava que qualquer um pode sair de casa hoje mesmo, sem qualquer preparação especial e dobrar sua mais longa distância ininterrupta. Se você correu constantemente 10km, pode imediatamente transformá-los em 20. Se sua maior duração atualmente é 1h, você pode agüentar duas. Se uma meia-maratona é seu melhor resultado, você pode terminar uma maratona. O truque, segundo Osler, é fazer pausas para caminhar.

Espere aí, dirá você, já tive de andar nas minhas corridas e mal consegui recomeçar. Esse é um tipo diferente de caminhada. É andar porque você *tinha* de fazer isso, porque a exaustão o forçara a parar e a energia e o entusiasmo haviam acabado. Os intervalos de Osler não são assim. Você os faz voluntariamente, antes de se cansar, como um meio de esticar os recursos disponíveis.

Esta é uma forma de corrida com intervalos. Osler costumava correr 15, 20 ou 25min, depois andar 5 – talvez bebendo algo ou se alongando durante as pausas. Ele seguia a receita em ultramaratonas, competições que ultrapassam muito a distância que a maioria de nós corre. Jeff Galloway e outros reduziram o plano Osler para maratonistas, permitindo caminhadas mais curtas (normalmente de 1min cada) com mais freqüência (pelo menos uma a cada 1,6km).

O plano para maratona esboçado na Lição 93 combina a sabedoria de Osler e a de Galloway. Enfatiza a corrida longa, sempre um período extenso de recuperação depois de cada esforço intenso e inclui a opção de pausas para caminhar, se desejado ou necessário. Nem todo mundo quer fazer as pausas inspiradas em Osler e refinadas por Galloway. Talvez você queira

85-7241-641-2

85-7241-641-2

Figura 14.1 – Você pode percorrer uma distância maior se adicionar intervalos para caminhada em sua corrida longa.

correr cada passo do caminho porque o orgulho manda que faça assim. Ou possa querer andar durante as corridas longas como ferramenta de treino e depois confiar no entusiasmo do dia da competição para eliminar a necessidade desses intervalos. Ou possa continuar usando as pausas refrescantes que lhe permitiram chegar tão longe.

Lição 93: Plano de Maratona

Os maratonistas abordam a distância com objetivos diferentes. Alguns querem terminar, outros querem melhorar o próprio tempo, outros mais querem se qualificar para a maratona de Boston. O programa de três meses apresentado na Tabela 14.1 é flexível o bastante para todos esses propósitos, permitindo uma ampla gama de distâncias para corredores de

Tabela 14.1– Treinamento para a maratona

Semana	Corridas fáceis	Corrida longa	Corrida rápida
1	3 – 5 dias de 30 – 60min	19 – 22km	–
2	3 – 5 dias de 30 – 60min	11 – 13km	–
3	3 – 5 dias de 30 – 60min	–	Competição de 5 a 10km
4	3 – 5 dias de 30 – 60min	22 – 25km	–
5	3 – 5 dias de 30 – 60min	13 – 15km	–
6	3 – 5 dias de 30 – 60min	–	Competição de 5 a 10km
7	3 – 5 dias de 30 – 60min	25 – 30km	–
8	3 – 5 dias de 30 – 60min	15 – 18km	–
9	3 – 5 dias de 30 – 60min	–	Competição de 5 a 10km
10	3 – 5 dias de 30 – 60min	29 – 35km	–
11	3 – 5 dias de 30 – 60min	15 – 18km	–
12	3 – 5 dias de 30 – 60min	–	–
13	3 – 5 dias de 30min	Maratona	–

capacidades e ambições variadas. Note o ciclo com uma corrida longa em uma semana, meio longa na outra semana (mas às vezes em ritmo um pouco mais acelerado) e uma competição de curta distância na terceira semana. Note também que as pausas para caminhadas são uma opção nas longas corridas-treino, bem como na maratona em si.

Requisitos: complete o programa para meia-maratona da Lição 86 ou seu equivalente e seja capaz de correr pelo menos uma hora e meia antes de começar o programa abaixo. Modificando as distâncias de treino, você poderá usar este plano para competições de 25, 30 e 32km.

85-7241-641-2

Lição 94: Previsões de Tempo (25km à Maratona)

Aqui está a maneira de prever os tempos para as raras corridas longas – aquelas que a maioria dos corredores leva mais de 2h para completar. Os tempos listados na Tabela 14.2 têm valor igual, com base na fórmula de

Tabela 14.2 – Comparação de tempos (25km à maratona)

25km	30km	32km	Maratona
1:20:00	1:37:30	1:45:00	2:21:00
1:25:00	1:43:30	1:51:30	2:29:30
1:30:00	1:50:00	1:58:00	2:38:30
1:35:00	1:56:00	2:04:30	2:47:00
1:40:00	2:02:00	2:11:00	2:56:00
1:45:00	2:08:00	2:17:30	3:05:00
1:50:00	2:14:00	2:24:00	3:13:30
1:55:00	2:20:30	2:30:30	3:22:30
2:00:00	2:26:30	2:37:00	3:31:00
2:05:00	2:32:30	2:43:30	3:40:00
2:10:00	2:38:30	2:50:30	3:49:00
2:15:00	2:44:30	2:57:00	3:57:30
2:20:00	2:51:00	3:02:00	4:06:30
2:25:00	2:57:00	3:10:00	4:15:00
2:30:00	3:03:00	3:16:30	4:24:00
2:35:00	3:09:00	3:23:00	4:33:00
2:40:00	3:15:00	3:29:30	4:41:30
2:45:00	3:21:30	3:36:00	4:50:30
2:50:00	3:27:30	3:42:30	4:59:00
2:55:00	3:33:30	3:49:00	5:08:00
3:00:00	3:39:30	3:56:00	5:17:00

multiplicar ou dividir por 2,1 quando as distâncias são o dobro ou a metade. Encontre o tempo mais próximo ao de sua competição mais recente e procure na linha seus equivalentes. As conversões assumem que você está igualmente treinado para as competições e que o grau de dificuldade dos percursos é parecido (use a Tabela 11.2 da Lição 73 para comparar tempos de eventos fora deste leque). Os tempos são arredondados para cada 30 segundos.

Lição 95: A Primeira Maratona

Sua primeira maratona é uma cerimônia de graduação – uma grande volta vitoriosa. O trabalho mais difícil, o aumento das distâncias que veio fazendo nos últimos meses, já passou. Se você treinou direito, não precisa se preocupar muito com o desenrolar da competição; é praticamente garantido que dê tudo certo.

A parede de que falam os maratonistas não deve lhe causar pesadelos. É uma parte muito real desse evento, mas não é inevitável. Qualquer um de nós, dos mais rápidos aos mais lentos, pode "bater na parede" e qualquer um pode evitá-lo. Aqueles que batem cometeram erros, no treino ou no ritmo.

85-7241-641-2

Você estará bem treinado no dia da maratona se seguir um plano de preparação semelhante ao da Lição 93. Como um estudante que estuda toda a matéria na véspera de um exame final, você pode achar que precisa concentrar todo o trabalho que precisa fazer na última semana ou nas duas últimas. Não faça isso! Você retira sua capacidade de terminar a maratona de um reservatório de condicionamento que vai enchendo gradualmente ao longo de vários meses. O trabalho ultradifícil nos últimos dias e semanas não faz nada além de esgotar a reserva no pior momento possível.

Vá para a competição bem descansado. Permita-se três semanas completas entre a mais longa corrida-treino e o grande evento. Corra distâncias mínimas na última semana e, se possível, descanse completamente no último dia ou nos dois últimos. Guarde a força que obteve nos treinos para quando ela se fizer necessária.

Não há muito mais o que dizer sobre a maratona. A competição praticamente corre sozinha. Apenas fique em curso e continue alternando os pés até que chegue ao final. A essa altura, você já sabe como escolher um ritmo que o levará até lá, porque já ensaiou muitas vezes enquanto treinava. Comemore durante as poucas horas da competição o bom trabalho que tem feito nos últimos meses.

Comentário de Corrida: Dias como Esse

A camiseta que usei para essa palestra parecia incrivelmente nova para ser de 1992. Eu só a retirara da gaveta em ocasiões especiais e esse dia era superespecial. Era a primeira vez que voltava a Honolulu desde que correra a maratona em que ganhara aquela camiseta.

Minha palestra em Niketown no último novembro começou com a história dessa camiseta vermelha. "Tenho orgulho dela", eu disse, "porque demorei muito para a conseguir". Fiz piada sobre o meu tempo em Honolulu, dizendo que era meu PR – pior recorde –, mas não acreditei naquilo nem por um segundo. Não existem maratonas ruins, exceto as que não foram terminadas. Algumas chegadas apenas demoram mais que outras. As minhas já foram rápidas como 2h49min e longas como 5h02min. Como um pai com 45 filhos, posso amar cada uma delas, com suas falhas individuais e tudo. Cada maratona é especial à sua própria maneira.

Eu não estava em Honolulu para correr a maratona, mas contei ao público sobre meus planos de correr mais uma naquele inverno. Duas competições escolhidas, Cal International e depois San Diego, chegaram e partiram sem mim por conflitos profissionais. A última das opções de competição era Las Vegas. Minha mulher, Barbara, e eu não somos freqüentadores de Vegas, sendo pobres demais para apostar e certinhos demais para beber. Mas a época da competição, fevereiro, estava certa e as férias sem programação depois eram interessantes para nós, do úmido e frio Oregon.

85-7241-641-2

85-7241-641-2

Qualquer um que conheça minha história de tempos e quantidades de maratonas poderia pensar: por que me dar ao trabalho? Por que repetir o que já fiz dezenas de vezes e levar uma ou duas horas a mais para fazê-lo? Por que não simplesmente deixar a competição e ir logo para as férias? Não faço nenhuma dessas perguntas a mim mesmo e vou dizer por quê. Dias assim são raros demais para perder. Nos 15.000 dias corridos de minha vida, as maratonas ocuparam apenas 45 deles – ou 0,3% do total. Esses poucos dias ajudam a dar combustível para muitos outros, oferecendo metas mais altas e memórias ainda melhores.

Vou lhe poupar do relato, quilômetro por quilômetro, de minha tranqüila e bem pontuada manhã de domingo na estrada velha de Los Angeles, em direção ao ponto mais alto da rodovia. Basta dizer que o dia trouxe todo o esforço e a alegria, a familiaridade e as surpresas que os dias de maratona trazem – e poucos outros o fazem.

Isso significa que a maratona valeu o tempo gasto nela. Todas as 4h25min. Esse tempo não dá direito a me gabar de coisa nenhuma. É quase o dobro do tempo do líder da competição; alguém que nunca vi e cujo

Tabela 14.3 – Ritmo perfeito para a maratona

Meta para a maratona (por km)	Tempos para 5km	Meia-maratona
2:20 (3:19)	16:25 – 16:40	1:09 – 1:11
2:30 (3:33)	17:40 – 17:55	1:14 – 1:16
2:40 (3:47)	18:50 – 19:05	1:19 – 1:21
2:50 (4:02)	20:00 – 20:15	1:24 – 1:26
3:00 (4:16)	21:10 – 21:25	1:29 – 1:31
3:10 (4:30)	22:25 – 22:40	1:34 – 1:36
3:20 (4:44)	23:35 – 23:50	1:39 – 1:41
3:30 (4:58)	24:45 – 25:00	1:44 – 1:46
3:40 (5:12)	25:55 – 26:10	1:49 – 1:51
3:50 (5:27)	27:05 – 27:20	1:54 – 1:56
4:00 (5:41)	28:20 – 28:35	1:59 – 2:01
4:10 (5:55)	29:30 – 29:45	2:04 – 2:06
4:20 (6:10)	30:40 – 30:55	2:09 – 2:11
4:30 (6:24)	31:50 – 32:15	2:14 – 2:16
4:40 (6:38)	33:00 – 33:15	2:19 – 2:21
4:50 (6:52)	34:15 – 34:30	2:24 – 2:26
5:00 (7:06)	35:25 – 35:40	2:29 – 2:31
5:10 (7:21)	36:35 – 36:50	2:34 – 2:36
5:20 (7:35)	37:45 – 38:00	2:39 – 2:41
5:30 (7:49)	39:00 – 39:15	2:44 – 2:46
5:40 (8:03)	40:10 – 40:25	2:49 – 2:51
5:50 (8:18)	41:20 – 41:35	2:54 – 2:56
6:00 (8:32)	42:30 – 42:45	2:59 – 3:01

nome não tenho interesse em descobrir. Corremos pelo mesmo percurso naquele dia, mas em mundos diferentes.

Foi o meu segundo tempo mais lento, mas *não* o segundo pior. Não categorizo mais as maratonas assim, porque mais lento já não significa pouco. Cada uma tem suas lutas e recompensas. Agora tenho uma camiseta da maratona de Las Vegas. Eu a usarei com orgulho, em ocasiões especiais apenas, enquanto olho com antecipação para o próximo dia como esse.

Lição 96: Ritmo da Maratona

Em nenhuma outra competição o ritmo é tão crítico quanto na maratona. A parede espera por aqueles corredores que começam rápido demais (começar devagar demais raramente é um problema entre maratonistas). A Tabela 14.3 lista os tempos desejados no ponto médio e em intervalos de 15km. Os tempos são baseados em ritmo constante, menos ou mais três segundos por quilômetro. Preveja seu tempo final de modo realista, depois planeje começar como indicado aqui, nem mais rápido, nem mais devagar. Os 5km são arredondados para cada cinco segundos e, as meia-maratonas, para cada minuto.

CAPÍTULO

15

Programa de Recuperação de Competições

Volte ao ritmo de treino nos dias e semanas depois de sua competição.

Lição 97: Visão Geral da Recuperação

Uma das fases mais importantes de um programa de treino também é uma das mais subestimadas: o que fazer *depois* da competição. Uma corrida não termina na linha de chegada, mas continua com o que você deve fazer – ou o que não deve fazer – no período imediatamente após e no seguinte da competição.

Competir é algo motivador, desafiador e excitante. Também é exigente, difícil e passível de causar danos. A mágica do dia da competição permite que você aumente suas distâncias normais e intensifique seus ritmos normais, mas não sem pagar um preço. Ultrapassar seus limites em um dia requer que reponha o débito mais tarde, ficando bem abaixo desses limites. Quanto mais longa a competição, maior o seu débito. Você pode se recuperar de uma competição de 5km em alguns dias, mas uma maratona levará muitas semanas.

A recuperação passa por vários estágios. Pense neles como os três R – repouso, recuperação e reenfoque. A terapia mais rápida e mais garantida para dores agudas pós-competição é um dia ou mais de repouso. Você se

85-7241-641-2

recupera voltando às corridas muito fáceis – nada longo, nada rápido e certamente nenhuma competição – e gradativamente trabalhando nelas até que volte ao normal. Você estará pronto para voltar a focar a próxima competição somente quando as memórias da dificuldade da última ficarem menos vívidas e o entusiasmo pelo trabalho mais intenso voltar. Só então recomeçará os treinos longos e rápidos.

Quanto tempo levará a recuperação dependerá da duração da última competição. Uma popular regra geral é permitir pelo menos um dia fácil para cada 1,6km de competição. Um dia por quilômetro (por exemplo, 10 dias depois de uma competição de 10km e seis semanas depois de uma maratona) pode ser ainda melhor, especialmente para corredores mais velhos. Os tempos de competição não diminuem necessariamente com a idade, mas as taxas de recuperação geralmente diminuem.

Lição 98: Consertar os Danos

Competir é tão destrutivo quanto emocionante. Não perca a emoção, mas tome extremo cuidado ao lidar com a destruição. Recupere-se de uma competição como se fosse uma lesão que leva tempo para sarar.

O período de cura começa ou é prejudicado assim que você acaba a competição, dependendo de como se cuida logo após. Se você pára dois passos depois da linha de chegada, cambaleando até o gramado mais próximo e fica sentado ou deitado ali sem se agasalhar pela hora seguinte, irá se recuperar lentamente. As corridas dos próximos dias lhe darão a sensação de ser uma continuação da competição – ou pior que ela. Mas se você continuar em movimento e for desaquecendo lentamente, os danos causados pela competição desaparecerão mais cedo.

O ar depois da competição parece instantaneamente mais frio, cerca de 10°C). Você esfria simplesmente por parar. É por isso que precisa colocar mais roupa do que usou enquanto competia. Troque a camiseta molhada por uma seca, mesmo que o dia esteja quente; coloque casaco e vista uma calça se estiver fresco e luvas e gorro, se estiver frio.

Resista à tentação de tirar toda a roupa possível ou de pular na piscina mais próxima quando estiver calor, ou de sair do frio e entrar direto em um chuveiro quente. As duas escolhas são um convite para lesões ou doenças mais tarde. O corpo já levou um choque com a competição, sem precisar ser submetido a mudanças drásticas de temperatura. As reservas para combater doenças já foram diminuídas pelo esforço de competir. Você não precisa de mais que um pequeno incentivo para pegar um resfriado ou uma gripe.

Uma outra coisa é garantida se não continuar em movimento. Seus músculos sob trabalho excessivo, saturados pelos produtos da fadiga, enrijecem rapidamente se você parar de modo súbito. Eles terão menos

85-7241-641-2

problemas se você diminuir gradativamente o movimento. Não se sente imediatamente. Continue com um exercício leve em forma de caminhada ou corrida muito fácil pelos 15min seguintes.

O que você fizer no dia da competição apenas começará o processo de cura. As dores chegam ao ápice no segundo dia depois da corrida, desaparecendo em alguns dias. No entanto, um cansaço muito mais profundo e sutil persiste por vários dias depois de uma competição de 5km e várias semanas depois de uma maratona.

Competidores (em especial os que correm as distâncias mais longas com períodos prolongados de recuperação) que voltam ao treinamento integral e às competições antes que o processo de cura esteja completo mantêm ocupados os especialistas em medicina esportiva. Ao entrar na clínica mancando uma semana depois da competição, o corredor se queixa: "Não tive problemas na competição e então isso aconteceu na corrida longa de ontem. Que azar!". O azar não teve nada a ver com isso. Encher de maus-tratos um corpo já debilitado produziu esse resultado previsível.

Comentário de Corrida: Aprendendo com o Repouso Forçado

Uma longa lesão ou doença pode ser boa para um corredor. Por longo quero dizer semanas ou até meses, não dias. Quanto mais longo o descanso, melhores as lições sobre o que correr realmente significa para você.

No começo, claro que isso não é verdade. A dor e o sofrimento nunca são agradáveis e não permitem lampejos filosóficos. Tudo o que você quer no início do mal é que a dor pare. O pior da dor pode não vir do mal em si, mas de não correr e de se perguntar se algum dia voltará a correr. Durante esse estágio você não pode ver, falar ou ler sobre corredores saudáveis. Eles dolorosamente o lembram de tudo aquilo que você não é. Esse estágio passa, em algum momento e inevitavelmente. A dor melhora e depois vai embora, e sua cabeça fica mais clara. Agora você vê o que deu errado.

Sua doença ou lesão não foi um acidente. Você recebeu o que pediu, ou então está pagando por não ter se precavido depois do último esforço intenso. Digamos que tenha corrido uma maratona há algumas semanas. Foi sua primeira maratona em vários anos e, para a maioria dos padrões, o treino não foi exatamente adequado. Sua corrida mais longa antes da maratona foi de 30km. Isso o deixou devendo mais de 1,6km para os 32km que a maioria dos conselheiros sobre o assunto chamam de "a distância mínima antes de uma maratona". Então, provavelmente estará pagando por treinar menos.

Você correu a maratona mesmo assim, confiando na experiência e na mágica do dia da competição para fazê-lo chegar. Deu certo, mas foi um dia longo e difícil, especialmente os últimos quilômetros. Quanto menos tenha treinado, quanto mais esporádica a competição e mais intenso o esforço, mais longo será o período de recuperação. Um corredor que treina pesado e é regular pode ser imune à maioria dos estresses de uma competição e voltar à ativa depois de uma maratona em uma ou duas semanas.

Um corredor não muito freqüente e que treina pouco não construiu tal imunidade. Uma maratona pode precisar de seis ou mais semanas muito fáceis depois. Então, o que acontece se você se encaixar nessa descrição e tentar recomeçar as corridas normais em menos tempo do que as semanas recomendadas? Se não ficar voluntariamente descansando todo o tempo necessário para a recuperação, o corpo exigirá isso de você em forma de lesão ou doença.

Quando sair da fase negra e começar novamente a correr, verá que os problemas o ajudaram. Eles lhe mostraram o que, na corrida, é mais importante. Não é terminar a maratona ou fazer as longas corridas que levam até uma delas. Nem são as competições mais curtas ou o treino rápido que o preparam para elas. O que você mais sentiu falta foi a saída para as pequenas corridas diárias, aquelas que preenchem seu treino. São aquelas sobre as quais não vale a pena se gabar porque sua duração e seu ritmo não impressionariam nenhum corredor. Realizar esses pequenos esforços, você percebe agora, é no mínimo tão importante quanto realizar os grandes esforços.

Você promete a si mesmo que não será novamente tão ambicioso, tão cedo. A promessa durará até que se esqueça de como foram ruins suas últimas férias forçadas por lesão ou doença. É melhor desenvolver uma boa memória para que nunca se esqueça dos piores dias. Isso aumenta seu apreço pelos dias que retornam ao normal.

Lição 99: Espaçamento entre Competições

Existe uma vida após a competição, mesmo que você possa não acreditar nisso nos dias e semanas depois dela. Uma vez que já tenha pensado e falado sobre a competição até se esgotar, uma vez que a euforia tenha passado, talvez se siga a "depressão pós-competição". Não estamos falando das dores pós-competição. Você esperava rigidez nas coxas e panturrilhas e andar mancando como emblema de sua coragem. O que você não esperava eram os súbitos danos – o desânimo persistente em suas pernas e um desânimo ainda mais devastador em seu espírito. Você não sente vontade de correr.

Este efeito é parcialmente fisiológico, parcialmente psicológico. A meta que o impulsionou nas últimas semanas e meses agora acabou e ainda não há nada novo para substituí-la. Certa perda de entusiasmo é inevitável. A psique irá se curar, assim como o corpo, porém você precisa lhes dar

85-7241-641-2

85-7241-641-2

Figura 15.1 – Depois de sentir ânimo para se preparar para uma competição, pode ser difícil voltar à rotina quando a competição acabar – sua mente e seu corpo precisam de tempo para se curar.

tempo. Essa cura leva mais tempo do que imagina a maioria dos corredores e o pior erro que você poderá cometer agora é apressar a programação natural.

Competir é como uma vacina. A dose certa pode deixá-lo mais rápido do que nunca, mas em excesso ela pode machucar. Competir em excesso – com freqüência excessiva, sem um período suficiente de recuperação e um tempo de recondicionamento entre as competições – é a causa mais comum de lesões e maus desempenhos.

Dois técnicos inovadores em lados diferentes do mundo – Arthur Lydiard, na Nova Zelândia e Ernst van Aaken, na Alemanha – deram algumas dicas sobre a freqüência com que a pessoa pode correr. Lydiard disse que as competições não deveriam ultrapassar 10% do total de corridas de uma pessoa. Aaken foi ainda mais longe, limitando-as a 5% do total. Usando essas fórmulas, um corredor estará limitado a 1km de competição em cada 10 a 20. E se você realizar freqüentes testes de velocidade ou distância, a quantidade de competições deverá ser bem menor.

Um método de assegurar que as competições estão adequadamente espaçadas é multiplicar a distância da competição por 10, depois não competir novamente até que tenha feito pelo menos essa distância em corridas fáceis de recuperação. Esta fórmula automaticamente permitirá que você corra com mais freqüência em distâncias mais curtas e menos exigentes, e com menos freqüência nas mais longas e difíceis.

Jack Foster, um neozelandês que correu uma maratona em 2h11min aos 41 anos e permaneceu até os cinqüenta e poucos anos como um corredor de alto nível, ofereceu uma regra ainda mais simples para limpar os detritos deixados pela competição. Ele disse que não se permitia correr intensamente outra vez até que se passasse um dia para cada 1,6km da competição. Isso equivale aproximadamente a uma semana depois de 10km, duas semanas depois de uma meia-maratona e um mês depois de uma maratona. Um dia fácil por 1,6km é uma boa margem de segurança. Um dia por quilômetro talvez seja ainda melhor.

A excitação e o esforço de correr uma competição cobram seu preço, física e emocionalmente. Você pagará esse preço depois da competição. Quanto mais longo o evento, mais longo o período de recuperação precisa ser. Permita-se, no mínimo, uma semana fácil depois das corridas mais curtas e um dia fácil para cada 1,6km ou quilômetro das competições mais longas. A Tabela 15.1 resume tais recomendações. Uma fórmula mais simples consiste em uma semana fácil para cada hora de competição. Não corra nada longo ou rápido no começo desse período e só volte a competir depois de passado o tempo mínimo de recuperação.

Tabela 15.1 – Tempo de recuperação

Duração da competição (km)	Período de recuperação (semana)
5	1
8	1
10	1 – 2
12	1 – 2
15	2 – 3
20	2 – 3
Meia-maratona (21,1)	2 – 3
25	3 – 4
30	3 – 5
32,2	3 – 5
Maratona (42,2)	4 – 6

85-7241-641-2

85-7241-641-2

Figura 15.2 – Use as corridas pós-competição como recuperação da competição.

Lição 100: Brincar com Números

Você olha para o relógio no alto assim que cruza a linha de chegada. Ao mesmo tempo, pára seu relógio digital de pulso. Compara os dois tempos e fica com o mais rápido. A primeira coisa que precisa saber quando acaba uma competição é: "Qual foi meu tempo?". A segunda é: "O que isso quer dizer?"

A primeira vitória é acabar. A segunda é correr uma certa distância mais rápido do que já tenha feito, ou pelo menos mais rápido do que esperava. O tempo para uma distância mostra mais do que aquilo que acontece aqui e agora. Ao contrário de esportes com sistemas arbitrários de pontuação – beisebol, tênis, golfe e a maioria dos outros, os resultados de corrida cruzam linhas de tempo e espaço. A pontuação da NBA de Chicago contra o Los Angeles no domingo lhe diz apenas o que os dois times fizeram um contra o outro naquele dia. Diz pouco sobre como cada um poderia ter se saído contra Nova York, ou quão bem ambos satisfizeram os próprios padrões de perfeição.

Os tempos de corrida transcendem esses limites. Um corredor de 1,6km em Chicago pode competir com outro de Los Angeles hoje e saber como poderia ter se saído contra alguém de Nova York correndo em outro lugar. Não apenas isso, mas as pessoas que competem em 2000 podem competir contra tempos obtidos em 1900. Os corredores desse ano podem deixar recordes para que as pessoas os quebrem em 2100.

E, o melhor de tudo, os corredores podem competir contra seus próprios históricos e serem vencedores sem que sejam os primeiros a terminar. O tempo é seu resultado mais importante. Ele não apenas permite que você corra essa distância com essas pessoas, mas também que você compare suas competições com todas as outras em todas as distâncias que você já correu ou correrá. É por isso que você deve saber seu tempo quando acaba. É por isso que você descobre seus significados. É para completar uma página de sua história. Você tem seu tempo. Agora comece a processá-lo. Apronte-o para entrar no seu livro histórico de um modo que você compreenda e possa comparar com outros tempos anteriores e posteriores.

1. **Compare seu tempo com outro padrão conhecido**. Esta competição pode ter sido de uma distância diferente, como 11km. Seu tempo de 52:36 não lhe diz muito, portanto reduza-o ao ritmo de minutos-por-quilômetro. O ritmo por quilômetro carrega mais significado que o tempo total porque você avalia todas as corridas, treinos e competições por esse padrão. Imediatamente depois do cálculo você saberá o quão mais rápido correu, ou por que distância a mais foi capaz de manter seu ritmo do que nos dias normais.
2. **Compare seu tempo com seus outros tempos para essa distância**. Os tempos adquirem significado quando você corre as mesmas distâncias várias vezes – ou quando compete repetidamente no mesmo percurso. Você estabelece recordes pessoais e os guarda em seu diário e em sua memória. Você os quebra ou sabe exatamente quanto faltou para tanto.
3. **Compare este tempo com o de outros eventos**. Você poderá correr uma competição de 10km nessa semana e uma de 5km semanas mais tarde. Então, como comparar os resultados de distâncias diferentes? Comece calculando o ritmo. Depois determine um fator normal de desaceleramento/aceleramento de uma distância para outra (as Lições 73, 80, 88 e 94 o orientam nesse processo). Os resultados mostram se

você está mais rápido ou mais lento do que esperava. Eles também predizem o ritmo para uma distância ainda não tentada quando for competir nela.

4. **Compare seus tempos projetados e reais para essa distância** (esses podem ser obtidos de tabelas em outros capítulos). Um tempo consideravelmente mais lento do que o previsto indica que você cometeu erros de treino. É provável que a velocidade ou a distância dos treinos tenha sido inadequada. Por outro lado, um tempo mais rápido que o esperado deve ser celebrado. Não só você foi bem na competição, como talvez possa esperar uma melhora similar no futuro.
5. **Compare seu ritmo na primeira e na segunda metade da competição.** Diminuição drástica na velocidade do final indica começo muito agressivo, provavelmente em detrimento de seu tempo total. Finalização muito rápida indica perda de tempo no começo, o que poderia ter evitado (ver as Lições 82, 83, 89 e 96 para orientações quanto ao ritmo).
6. **Compare-se com todos os outros que correram com você.** Sua colocação geral é só um começo. Você dará mais significado a esse número convertendo-o em um *ranking* percentual. Divida sua colocação pelo número de pessoas que largaram. Por exemplo, você foi o 98º de 609 atletas. Isso o coloca entre os primeiros 16%. Na próxima competição, você poderá chegar em 200º entre 2.000. A colocação pode ser mais baixa, mas estará melhor entre os primeiros 10%. Esse sistema permite que você se compare com precisão em suas diferentes colocações para eventos de distâncias diferentes.
7. **Compare-se com outros de sua faixa etária e mesmo sexo.** Nas competições de longa distância todo mundo geralmente começa junto, mas os resultados são divididos para compensar as desigualdades entre os mais novos e os mais velhos, as mulheres e os homens. Veja qual é sua colocação entre os corredores como você, dividindo sua colocação no grupo pelo número de participantes para obter outra porcentagem que o compare com as pessoas similares a você.

Lição 101: Variações Sazonais

85-7241-641-2

Um corredor não pode plantar e colher ao mesmo tempo, o que é outra maneira de dizer que o tempo para recondicionamento entre as competições deve ser muito maior que o tempo gasto se acabando durante as mesmas. Você agora sabe que isso é verdadeiro de uma competição para outra, mas o princípio também se aplica às temporadas do ano. Depois de cada temporada de competições intensas, precisamos de um período longo de recuperação e recondicionamento.

Arthur Lydiard disse que um competidor pode se manter no auge da forma por três ou quatro meses antes de fazer uma pausa nas competições. Tom Osler chegou à mesma conclusão, independentemente. Ele escreveu: "Um corredor raramente consegue manter um alto nível de desempenho por mais de três meses".

Osler observou que ele atravessava ciclos com duração aproximada de seis meses, cada ciclo compreendendo um período alto e um baixo que correspondiam praticamente às estações do ano. Ele descobriu que corria melhor durante os altos e preferia correr casualmente durante os baixos.

"O ciclo de desempenho de seis meses é importante por várias razões", escreveu Osler. "Uma é que permite que você preveja em que épocas do ano terá melhor desempenho. Da mesma forma, permite que você determine quando deve tomar uma atitude séria em relação às competições. Corridas mais difíceis, mais curtas e mais rápidas podem ser toleradas durante a fase do auge e podem produzir melhores desempenhos em

Figura 15.3 – Tirar vantagem das diferenças sazonais para mudar o modo como você corre.

85-7241-641-2

competições. Corridas-treino mais fáceis, mais lentas e mais longas são melhores na fase baixa".

O conselho de Osler ganha mais importância quando as competições se espalham ao longo do ano e não há mais baixa temporada na programação de competições. O padrão a adotar é alternar temporadas de altos e baixos (por exemplo, altos na primavera e no outono, para tirar vantagem do melhor clima; baixos no verão e no inverno, quando as condições são menos atraentes para competir). O padrão a ser evitado é o de colocar juntas duas ou mais temporadas de competições mais sérias. Nas palavras atemporais do livro de Eclesiastes, tudo tem seu tempo, "um tempo para plantar e um tempo para colher, um tempo para demolir e um tempo para construir".

Planejamento de Competições

Os programas neste livro não são os únicos meios de treinar e competir. Mas eles têm se mostrado bons meios de equilibrar o êxito a curto prazo e a satisfação com a saúde e o prazer a longo prazo. Encerramos o livro resumindo seu conteúdo e simplificando seu planejamento, com base nos conselhos das 101 lições anteriores. As tabelas e dicas apresentadas aqui são direcionadas especialmente aos corredores que competem. Copie essas páginas para que as possa usar várias vezes.

Suas Corridas Fáceis

Planeje sua programação de corridas fáceis estabelecendo as seguintes informações.

1. Qual a distância a treinar nas corridas de recuperação que deverão ser a maioria de seus dias (ver Lição 40).

   Indique a distância média atual de suas corridas fáceis (em quilômetros).

85-7241-641-2

Indique o ritmo médio (por quilômetros).

Calcule o período normal de tempo (em minutos) de suas corridas fáceis, multiplicando a distância pelo ritmo.

Se o tempo total for menor que 30min, você precisará correr mais. Se for mais que 60min, você deverá correr menos nesses dias. O tempo ideal para corridas fáceis (não incluindo competições longas ou rápidas e suas corridas-treino) é entre 30min e 1h.

Distância mais curta recomendada nas corridas fáceis, dividindo 30min pelo ritmo normal.

Distância mais longa recomendada nas corridas fáceis, dividindo 60min pelo ritmo normal.

2. Em que velocidade treinar; o ritmo deve ser confortável, nem muito rápido nem muito lento (ver Lição 41).

   Indique seu tempo mais recente em competição de curta distância (5 a 12km), ou estime o potencial atual.

   Calcule seu ritmo médio por quilômetro, dividindo o tempo pela distância.

   Esse número representa seu ritmo máximo atual para a distância aproximada de suas corridas diárias.

   Indique seu ritmo médio atual para as corridas fáceis.

   Copie seu ritmo para competições de curta-distância acima.

85-7241-641-2

Subtraia seu ritmo de competição do seu ritmo de treino.

Se a diferença entre o ritmo máximo e o ritmo diário para essa distância for menos que 39 segundos por quilômetro, você está treinando rápido demais. Se for mais que 1min15s por quilômetro, seu treino está muito lento. Calcule o ritmo ideal para corridas fáceis adicionando 38s a 1min15s por quilômetro ao ritmo atual para competições de curta-distância.

Ritmo de treino mais rápido recomendado nos dias fáceis.

85-7241-641-2

Ritmo de treino mais lento recomendado nos dias fáceis.

3. Com que freqüência realizar corridas fáceis; três dias são o mínimo e seis dias, o máximo.
   Indique o número de dias que você normalmente corre por semana.

   Indique o número de dias difíceis (mais longos ou mais rápidos que o normal, incluindo competições).

   Indique o número de dias de descanso.

   Se o número de corridas fáceis for sete, programe um dia de descanso e, possivelmente, um dia difícil. Se o número de corridas fáceis for três ou menos, aumente para quatro ou cinco por semana.

Suas Corridas-treino

Planeje suas corridas-treino antes das competições (são testes em condições de velocidade e distância similares às da competição), estabelecendo as seguintes informações:

1. Treino básico, que é a soma de tudo o que você tem corrido recentemente.

   Indique a distância média de suas corridas no último mês (em minutos).

Se sua média for abaixo de 30min, não é recomendável correr. Adie seu ingresso em eventos ou qualquer tentativa de corrida-treino até que tenha aumentado a média diária para meia hora ou mais. Se sua média for acima de 30min, o treino preparou você para as corridas-treino recomendadas neste livro. Mantenha uma média de pelo menos meia hora por dia. Você estará se preparando para se testar em uma distância cerca de duas vezes maior que a de sua corrida normal de treino, a não ser que um limite mais longo seja indicado na seção 2, a seguir.

Indique o ritmo médio de suas corridas fáceis no último mês (por quilômetro).

Você está preparado para corridas-treino em um ritmo de 1min15s por quilômetro mais rápido do que normalmente corre, a não ser que um limite mais rápido seja indicado na seção 3.

---

2. Limite de distância, que é o máximo que você pode correr com segurança, no momento. Indique a distância de sua corrida mais longa no último mês (em horas e minutos).

Esse número representa o tempo mais longo que você está atualmente preparado para correr em uma competição. Para ampliar tal limite, siga as recomendações para ampliar distância nas Lições 68, 86 e 93.

3. Limite de velocidade, que é o mais rápido que você pode correr com segurança, no momento. Indique o ritmo de sua corrida mais fácil no último mês (por quilômetro).

Esse número representa o ritmo mais fácil que você está atualmente preparado para correr. Para ampliá-lo, siga as recomendações para ampliar velocidade nas Lições 55, 77 e 78.

Na Competição

Planeje seu potencial para a competição estabelecendo as seguintes informações:

85-7241-641-2

85-7241-641-2

1. Descrição da sua próxima competição.

   Indique a distância da competição em quilômetros.

   Indique o tempo em que pretende correr a competição.

   Calcule o ritmo necessário para atingir sua meta (por quilômetro, dividindo o tempo pela distância).

   Indique a duração média de suas corridas diárias no último mês (em minutos).

   Calcule a diferença na duração dessa competição e da média das corridas (maior ou menor tempo).

   Indique sua competição ou corrida-treino mais longa no último mês (em horas e minutos).

   Calcule a diferença entre a duração dessa competição e de sua mais longa competição ou corrida-treino recente (maior ou menor tempo).

   Indique o ritmo médio (por quilômetro) de suas corridas fáceis no último mês.

   Calcule a diferença entre o ritmo dessa competição e seu ritmo médio para corridas fáceis (tempo mais rápido ou mais lento).

   Indique sua competição ou corrida-treino mais rápida no último mês (ritmo por quilômetro).

Calcule a diferença entre o ritmo dessa competição e de sua mais rápida competição ou corrida-treino recente (tempo mais rápido ou mais lento).

Você deverá ter treinado pelo menos uma vez o tempo total, ou próximo, da competição (mas em ritmo menos intenso) e pelo menos uma vez o ritmo total, ou próximo disso, da competição.

2. Recorde pessoal para essa distância de competição
   Indique o melhor tempo que você já fez nesse evento.

   Calcule o ritmo para seu tempo recorde (por quilômetro, dividindo o tempo pela distância).

   Indique o ritmo que deseja conseguir para essa corrida (ver seção 1, anteriormente).

   Calcule a diferença entre seu ritmo almejado e seu ritmo recorde (mais rápido ou mais lento).

3. Projeção de tempo, ou quão rápido você pode esperar correr na competição.

   Anote a distância de sua competição mais recente.

   Anote seu tempo final naquela competição.

   Anote seu ritmo por quilômetro naquela competição.

   Se você estiver novamente competindo na mesma distância, sem grandes mudanças de treino e se as condições do clima e do percurso forem

85-7241-641-2

semelhantes, os tempos da última competição e desta deverão ser comparáveis. Se for correr uma distância diferente, consulte as Lições 73, 80, 88 e 94 para tempos comparáveis.

85-7241-641-2

Indique o seu tempo projetado para a competição (com base na tabela apropriada).

Calcule seu ritmo projetado para a competição (por quilômetro, dividindo o tempo pela distância).

O tempo real da competição provavelmente esteja entre sua meta (na seção 1) e a projeção obtida da tabela. Escolha um tempo realista como base para elaborar um plano de ritmo.

4. Aconselhamento para ritmo, para correr no máximo de sua capacidade e dentro de seus limites. O ponto mais importante para verificação em qualquer corrida é a metade, ou perto dela. Calcule seu tempo ideal naquele ponto.

   Distância até a metade (divida a distância da competição por dois).

Metade do tempo projetado (da seção 3).

Ritmo médio para atingir o tempo projetado (da seção 3).

Ritmo mais rápido de largada (subtraia 3 segundos por quilômetro do ritmo médio).

Tempo mais rápido para o ponto médio (multiplique o ritmo máximo da largada pela metade da distância).

Ritmo mais lento para largada (some 3 segundos por quilômetro ao ritmo médio).

Tempo mais lento para o ponto médio (multiplique o ritmo mínimo da largada pela metade da distância).

As Lições 82, 83, 89 e 96 fornecem os ritmos recomendados para as distâncias mais populares de competições – 5km, 10km, meia-maratona e maratona.

Sua Revisão

Reveja sua competição e planeje futuras competições estabelecendo as informações seguintes.

85-7241-641-2

1. Análise do tempo, ou como você se saiu nas duas metades.
   Indique a distância da competição (em quilômetros).

   Indique seu tempo final na competição.

   Calcule seu ritmo na competição (por quilômetro, dividindo o tempo pela distância).

   Indique seu melhor tempo anterior (recorde pessoal) para essa distância.

   Compare o resultado dessa competição com seu melhor tempo anterior (mais rápido ou mais lento).

2. Análise da projeção, ou quão perto você chegou do tempo previsto.
   Indique seu tempo projetado para essa competição.

   Calcule a diferença entre seu tempo real e o tempo projetado (mais rápido e mais lento).

Um tempo mais rápido do que o esperado indica que você subestimou seu potencial; na próxima competição, aumente a meta. Também sugere que seus tempos em outras distâncias (aquelas nas quais a projeção foi baseada) já podem ser melhorados. Um tempo menor que o projetado em geral significa que você não treinou adequadamente, marcou o ritmo inadequadamente, ou ambos. Faça as correções necessárias antes e durante a próxima competição.

3. Análise do ritmo, ou verificação da constância de seus esforços ao longo da distância total.

   Indique seu tempo para a primeira metade da competição (estime, se necessário, com base nos tempos para distâncias próximas da metade).

   ____

   Indique a distância da primeira metade (em quilômetros).

   ____

   Calcule seu ritmo na primeira metade (por quilômetro, dividindo o tempo pela distância).

   ____

   Calcule seu tempo para a segunda metade da competição (subtraia o tempo da primeira metade do tempo total).

   ____

   Calcule seu ritmo na segunda metade.

   ____

   Calcule a diferença entre o ritmo da primeira e da segunda metade (subtraia o número menor do maior).

   ____

4. Análise local, ou quão bem você se saiu em relação aos outros corredores. Indique sua colocação nessa competição (estime, se necessário).

   Colocação geral.

   ____

   Número total de participantes que largaram.

   ____

85-7241-641-2

Colocação entre os homens ou as mulheres.

Número de homens ou mulheres.

Colocação em sua faixa etária.

Número de participantes dessa faixa etária.

Uma colocação em porcentagem dará uma idéia realista de sua colocação em relação aos outros corredores em competições e divisões de vários tamanhos. Calcule essas porcentagens.

Colocação final (divida sua colocação pelo número total de participantes que largaram).

Colocação final entre homens ou mulheres (divida sua colocação nessa categoria pelo número de participantes que largaram).

Colocação final por faixa etária (divida sua colocação nessa categoria pelo número de participantes que largaram).

5. Aconselhamento para recuperação, ou quanto tempo você deverá esperar antes de competir com esforço novamente (ver Lição 99).

   Indique a distância da competição (quilômetros).

85-7241-641-2

   Calcule seu número recomendado de dias de recuperação (um dia fácil ou de descanso para cada quilômetro de competição).

   Determine seu período mínimo de recuperação em semanas (divida o número de dias acima por sete, depois arredonde para a próxima semana inteira).

Evite novas competições ou corridas-treino até que tenha passado esse número de semanas, mas continue com corridas fáceis durante o período. Orientações adicionais para recuperação:

- Descanse um dia imediatamente depois da competição para cada hora corrida.
- Não permita que a quantidade de competições ou corridas-treino em qualquer mês exceda 10% do tempo total de corrida.

85-7241-641-2

Índice Remissivo

A letra *t* que se segue às páginas significa tabela.

85-7241-641-2

G

I

L

M

P

R

S

T

V

85-7241-641-2

Notas

Impressão e Acabamento
Prol
EDITORA GRÁFICA